中华人民共和国公务员法

（实用版）

中国法制出版社
CHINA LEGAL PUBLISHING HOUSE

■**实用版**

编辑说明

运用法律维护权利和利益，是读者选购法律图书的主要目的。法律文本单行本提供最基本的法律依据，但单纯的法律文本中的有些概念、术语，读者不易理解；法律释义类图书有助于读者理解法律的本义，但又过于繁杂、冗长。“实用版”法律图书至今已行销多年，因其权威、实用、易懂的优点，成为广大读者理解、掌握法律的首选工具。

“实用版系列”独具四重使用价值：

1. **专业出版。**中国法制出版社是中央级法律类图书专业出版社，是国家法律、行政法规文本的权威出版机构。

2. **法律文本规范。**法律条文利用了本社法律单行本的资源，与国家法律、行政法规正式版本完全一致，确保条文准确、权威。

3. **条文解读详致。**本书中的【理解与适用】均是从庞杂的相互关联的法律条文以及全国人大常委会法制工作委员会等对条文的权威解读中精选、提炼而来；【典型案例指引】来自最高人民法院公报、各高级人民法院判决书等，点出适用要点，展示解决法律问题的实例。

4. **附录实用。**书末收录经提炼的法律流程图、诉讼文书、办案常用数据等内容，帮助提高处理法律纠纷的效率。

5. **附赠电子版。**与本分册主题相关、因篇幅所限而未收录的“典型案例指引”所涉及的部分重要案例全文，已制作成电子版文件。扫一扫封底“法规编辑部”二维码，即可免费获取。

中国法制出版社

《中华人民共和国公务员法》理解与适用

我国的公务员制度是在改革开放和社会主义现代化建设的新时期，伴随着党和国家领导制度的改革和干部人事制度的改革逐步建立起来的。在《公务员法》[①] 出台之前，国家对公务员的管理是依照 1993 年 8 月 14 日国务院令第 125 号发布的《国家公务员暂行条例》进行的，随后又制定了与之相配套的 13 个暂行规定和 13 个暂行办法，逐步形成了一整套公务员管理的法规体系。

2005 年 4 月 27 日第十届全国人民代表大会常务委员会第十五次会议通过了《公务员法》，自 2006 年 1 月 1 日起施行。《公务员法》制定后，《国家公务员暂行条例》同时废止。它是在系统总结我国干部人事制度改革，特别是《国家公务员暂行条例》实施以来的成功经验，以及借鉴吸收国外人事管理的科学办法的基础上出台的，对党政机关干部人事管理工作作出了全面具体的规范，这是新中国成立以来我国首部干部人事管理的综合法律，标志着我国干部人事制度管理纳入科学化、法制化轨道。2017 年 9 月 1 日第十二届全国人民代表大会常务委员会第二十九次会议进行了修正，2018 年 12 月 29 日第十三届全国人民代表大会常务委员会第七次会议进行了修订。

修订后的《公务员法》共 18 章，113 条，包括公务员的条件、义务和权利，职务、职级与级别，录用，考核，职务、职

① 为便于阅读，本书中对相关法律文件采用此种简称方式。

级任免，职务、职级升降，奖励，监督与惩戒，培训，交流与回避，工资、福利与保险，辞职与辞退，退休，申诉与控告，职位聘任，法律责任等内容。

新修订的公务员法主要在以下几个方面作了补充调整和完善：

一是突出了政治要求。把习近平新时代中国特色社会主义思想作为公务员制度必须长期坚持的指导思想。把坚持和加强党的领导、坚持中国特色社会主义制度等一系列政治要求，体现到立法目的、管理原则、条件义务等规定中，把落实好干部标准贯穿公务员管理全过程和主要环节，进一步彰显了中国特色。

二是调整完善公务员职务、职级等有关规定。进一步推进公务员分类改革，将非领导职务改为职级，实行职务与职级并行制度，对领导职务与职级的任免、升降以及与此相关的条文进行了修改。

三是调整充实从严管理干部有关规定。将第九章章名“惩戒”调整为“监督与惩戒”，增加了加强公务员监督和公务员应当遵守的纪律等规定，修改完善了回避情形、责令辞职、离职后从业限制等规定，增加了在录用、聘任等工作中违纪违法有关法律责任的规定。

四是贯彻落实党中央关于加强正向激励的要求，健全完善公务员激励保障机制，加强了对公务员合法权益的保护。

五是根据公务员管理实践需要，对分类考录、分类考核、分类培训等进一步提出明确要求，对公务员考核方式、宪法宣誓、公开遴选等方面作了修改。

目　录

中华人民共和国公务员法

第一章　总　　则

第二章　公务员的条件、义务与权利

第三章　职务、职级与级别

第十五章　申诉与控告

第十六章　职位聘任

第十七章　法律责任

第十八章　附　　则

实用核心法规

实用附录

电子版增值文件（请扫封底“法规编辑部”二维码获取）

中华人民共和国公务员法

（2005年4月27日第十届全国人民代表大会常务委员会第十五次会议通过　根据2017年9月1日第十二届全国人民代表大会常务委员会第二十九次会议《关于修改〈中华人民共和国法官法〉等八部法律的决定》修正　2018年12月29日第十三届全国人民代表大会常务委员会第七次会议修订）

目　　录

第一章　总　　则

第一条　立法目的[1]

为了规范公务员的管理，保障公务员的合法权益，加强对公务员的监督，促进公务员正确履职尽责，建设信念坚定、为民服务、勤政务实、敢于担当、清正廉洁的高素质专业化公务员队伍，根据宪法，制定本法。

第二条　公务员定义

本法所称公务员，是指依法履行公职、纳入国家行政编制、由国家财政负担工资福利的工作人员。

公务员是干部队伍的重要组成部分，是社会主义事业的中坚力量，是人民的公仆。

▶理解与适用

下列机关中除工勤人员以外的工作人员列入公务员范围：

1. 中国共产党各级机关。包括中央和地方各级党委工作部门、办事机构和派出机构的工作人员；中央和地方各级纪律检查委员会机关和派出机构的工作人员；街道、乡、镇党委机关的工作人员。

2. 各级人民代表大会及其常务委员会机关。包括县级以上各级人民代表大会常务委员会领导人员，乡、镇人民代表大会主席、副主席；县级以上各级人民代表大会常务委员会工作机构和办事机构的工作人员；各级人民代表大会专门委员会办事

① 条文主旨为编者所加，下同。

机构的工作人员。

3. 各级行政机关。包括各级人民政府的领导人员；县级以上各级人民政府工作部门和派出机构的工作人员；乡、镇人民政府机关的工作人员。

4. 各级监察机关。包括国家和地方监察委员会的领导人员和监察官。

5. 中国人民政治协商会议各级委员会机关。包括中国人民政治协商会议各级委员会的领导人员；中国人民政治协商会议各级委员会工作机构的工作人员。

6. 各级审判机关。包括最高人民法院和地方各级人民法院的法官、审判辅助人员；最高人民法院和地方各级人民法院的司法行政人员。

7. 各级检察机关。包括最高人民检察院和地方各级人民检察院的检察官、检察辅助人员；最高人民检察院和地方各级人民检察院的司法行政人员。

8. 各民主党派和工商联的各级机关。包括中国国民党革命委员会中央和地方各级委员会的领导人员，工作机构和工作人员；中国民主同盟中央和地方各级委员会的领导人员，工作机构和工作人员；中国民主建国会中央和地方各级委员会的领导人员，工作机构和工作人员；中国民主促进会中央和地方各级委员会的领导人员，工作机构和工作人员；中国农工民主党中央和地方各级委员会的领导人员，工作机构和工作人员；中国致公党中央和地方各级委员会的领导人员，工作机构和工作人员；九三学社中央和地方各级委员会的领导人员，工作机构和工作人员；台湾民主自治同盟中央和地方各级委员会的领导人员，工作机构和工作人员；中华全国工商业联合会和地方各级工商联的领导人员，工作机构和工作人员。

下列人员不列入公务员范围：中国共产党的各级代表大会代表、委员会委员、委员会候补委员、纪律检查委员会委员。各级人民代表大会代表、常务委员会组成人员、专门委员会成员。中国人民政治协商会议各级委员会常务委员、委员。各民主党派中央和地方各级委员会委员、常委和专门委员会成员。中华全国工商业联合会和地方工商联执行委员、常务委员会成员和专门委员会成员。

第三条　适用范围

公务员的义务、权利和管理，适用本法。

法律对公务员中领导成员的产生、任免、监督以及监察官、法官、检察官等的义务、权利和管理另有规定的，从其规定。

第四条　指导思想和政治原则

公务员制度坚持中国共产党领导，坚持以马克思列宁主义、毛泽东思想、邓小平理论、“三个代表”重要思想、科学发展观、习近平新时代中国特色社会主义思想为指导，贯彻社会主义初级阶段的基本路线，贯彻新时代中国共产党的组织路线，坚持党管干部原则。

▶理解与适用

此次修改公务员法，将科学发展观和习近平新时代中国特色社会主义思想新增为公务员需要坚持的指导思想。

时任中共中央总书记胡锦涛，在 2003 年 7 月 28 日的讲话中提出“坚持以人为本，树立全面、协调、可持续的发展观，促进经济社会和人的全面发展”，按照“统筹城乡发展、统筹区域发展、统筹经济社会发展、统筹人与自然和谐发展、统筹国内发展和对外开放”的要求推进各项事业的改革和发展的方法论，即科学发展观，也是中国共产党的重大战略思想。习近平新时代中国特色社会主义思想，是中国共产党在新的历史时期最大的理论成果，这是由一系列的理论创新、实践创新和战略创新所构成的。习近平新时代中国特色社会主义思想的主要内容可归纳为十二个方面，包括历史方位、鲜明主题、奋斗目标、发展方式、总体布局、战略布局、发展动力、发展保障、安全保障、外部环境、政治保证、治国理政世界观方法论、价值观等方面，具有严密而又开放的内在逻辑。

习近平总书记在全国组织工作会议上鲜明提出了新时代党的组织路线，这在我们党的历史上是第一次，对马克思主义建党学说具有开创性贡献，具有里程碑意义，指明了新时代党的建设和组织工作的前进方向、实践路径，是新时代党的建设和组织工作的生命线。

第五条 公开、平等、竞争、择优管理原则

公务员的管理，坚持公开、平等、竞争、择优的原则，依照法定的权限、条件、标准和程序进行。

第六条 监督约束与激励保障并重原则

公务员的管理，坚持监督约束与激励保障并重的原则。

第七条 公务员的任用原则

公务员的任用，坚持德才兼备、以德为先，坚持五湖四海、任人唯贤，坚持事业为上、公道正派，突出政治标准，注重工作实绩。

▶理解与适用

《中国共产党章程》规定，党按照德才兼备、以德为先的原则选拔干部，坚持五湖四海、任人唯贤，坚持事业为上、公道正派，反对任人唯亲。此次修改公务员法，将公务员的任用原则与中国共产党章程作了衔接、统一。

▶条文参见

《中国共产党章程》

第八条 分类管理、效能原则

国家对公务员实行分类管理，提高管理效能和科学化水平。

第九条 宪法宣誓

公务员就职时应当依照法律规定公开进行宪法宣誓。

▶理解与适用

宪法宣誓制度是国家工作人员就职时应当依照法律规定公开进行宪法宣誓。《全国人民代表大会常务委员会关于实行宪法宣誓制度的决定》规定，各级人民代表大会及县级以上各级人民代表大会常务委员会选举或者决定任命的国家工作人员，以及各级人民政府、监察委员会、人民法院、人民检察院任命的国家工作人员，在就职时应当公开进行宪法宣誓。2018 年 2 月 24 日，全国人大常委会对宪法宣誓制度作出修订，新的誓词为："我宣誓：忠于中华人民共和国宪法，维护宪法权威，履行法定职责，忠于祖国、忠于人民，恪尽职守、廉洁奉公，接受人民监督，为建设富强民主文明和谐美丽的社会主义现代化强国努力奋斗！"

▶条文参见

《全国人民代表大会常务委员会关于实行宪法宣誓制度的决定》

第十条 法律保护原则

公务员依法履行职责的行为，受法律保护。

第十一条 工资福利保险等待遇的经费保障

公务员工资、福利、保险以及录用、奖励、培训、辞退等所需经费，列入财政预算，予以保障。

▶理解与适用

本条是关于公务员工资、福利、保险及公务员管理费用保障的规定。

财政预算是关于国家未来一年收入和支出的安排，包括各种依法可以收取的税收和费用的预测；国家和社会各项事业及行政管理费用的开支。我国预算法第57条第1款规定，各级政府财政部门必须依照法律、行政法规和国务院财政部门的规定，及时、足额地拨付预算支出资金，加强对预算支出的管理和监督。公务员是履行公职、纳入国家行政编制、由国家财政负担工资福利的工作人员，因此，有关公务员的工资、福利、保险以及录用、奖励、培训、辞退等所需的经费，应当列入财政预算，予以保障。

▶条文参见

《预算法》第57条

第十二条　管理机关

中央公务员主管部门负责全国公务员的综合管理工作。县级以上地方各级公务员主管部门负责本辖区内公务员的综合管理工作。上级公务员主管部门指导下级公务员主管部门的公务员管理工作。各级公务员主管部门指导同级各机关的公务员管理工作。

第二章　公务员的条件、义务与权利

第十三条　公务员的条件

公务员应当具备下列条件：

（一）具有中华人民共和国国籍；

（二）年满十八周岁；

（三）拥护中华人民共和国宪法，拥护中国共产党领导和社会主义制度；

（四）具有良好的政治素质和道德品行；

（五）具有正常履行职责的身体条件和心理素质；

（六）具有符合职位要求的文化程度和工作能力；

（七）法律规定的其他条件。

▶条文参见

《法官法》第12、13条；《检察官法》第12、13条；《人民警察法》第26-28条

第十四条 公务员的义务

公务员应当履行下列义务：

（一）忠于宪法，模范遵守、自觉维护宪法和法律，自觉接受中国共产党领导；

（二）忠于国家，维护国家的安全、荣誉和利益；

（三）忠于人民，全心全意为人民服务，接受人民监督；

（四）忠于职守，勤勉尽责，服从和执行上级依法作出的决定和命令，按照规定的权限和程序履行职责，努力提高工作质量和效率；

（五）保守国家秘密和工作秘密；

（六）带头践行社会主义核心价值观，坚守法治，遵守纪律，恪守职业道德，模范遵守社会公德、家庭美德；

（七）清正廉洁，公道正派；

（八）法律规定的其他义务。

第十五条　公务员的权利

公务员享有下列权利：

（一）获得履行职责应当具有的工作条件；

（二）非因法定事由、非经法定程序，不被免职、降职、辞退或者处分；

（三）获得工资报酬，享受福利、保险待遇；

（四）参加培训；

（五）对机关工作和领导人员提出批评和建议；

（六）提出申诉和控告；

（七）申请辞职；

（八）法律规定的其他权利。

第三章　职务、职级与级别

第十六条　职位分类制度

国家实行公务员职位分类制度。

公务员职位类别按照公务员职位的性质、特点和管理需要，划分为综合管理类、专业技术类和行政执法类等类别。根据本法，对于具有职位特殊性，需要单独管理的，可以增设其他职位类别。各职位类别的适用范围由国家另行规定。

▶理解与适用

综合管理职位是指机关中除行政执法类、专业技术类以外履行综合管理以及机关内部管理等职责的职位。

行政执法类是基层行政机关中履行行政监管、行政处罚、行政强制、行政稽查等现场执法职责的职位。行政执法类职位有两大特点：第一，纯粹的执行性。第二，现场强制性。行政执法类职位主要集中在税务、工商、质检、环保、药监等政府机关。

专业技术类是指机关中履行专业技术职责，为实施公共管理提供专门的技术支持与保障的职位。专业技术类职位有三大特点：第一，只对专业技术本身负责的纯技术性。第二，与其他职位相比具有不可替代性（低替代性）。第三，有技术权威性，但不具有行政决策的权威性。

除行政执法类和专业技术类职务具有职位特殊性外，还有其他的具有特殊性的职位，在实践中需要单独进行管理。为了保持法律的弹性，本条规定，根据本法，对于具有职位特殊性，需要单独管理的，可以增设其他职位类别。各职位类别的适用范围由国家另行规定。

第十七条 职务序列设置的根据

国家实行公务员职务与职级并行制度，根据公务员职位类别和职责设置公务员领导职务、职级序列。

第十八条 领导职务层次

公务员领导职务根据宪法、有关法律和机构规格设置。

领导职务层次分为：国家级正职、国家级副职、省部级正职、省部级副职、厅局级正职、厅局级副职、县处级正职、县处级副职、乡科级正职、乡科级副职。

第十九条 职级序列

公务员职级在厅局级以下设置。

综合管理类公务员职级序列分为：一级巡视员、二级巡视员、一级调研员、二级调研员、三级调研员、四级调研员、一级主任科员、二级主任科员、三级主任科员、四级主任科员、一级科员、二级科员。

综合管理类以外其他职位类别公务员的职级序列，根据本法由国家另行规定。

▶理解与适用

本条是此次修改公务员法的亮点之一。以前，综合管理类的非领导职务分为：巡视员、副巡视员、调研员、副调研员、主任科员、副主任科员、科员、办事员。修改后的公务员法将综合管理类公务员职级层次分为四等十二级：一级巡视员、二级巡视员、一级调研员、二级调研员、三级调研员、四级调研员、一级主任科员、二级主任科员、三级主任科员、四级主任科员、一级科员、二级科员。这也意味着，原来的正科副科，变成了现在的一级二级三级四级主任科员。

另外，这里说的是职级，只是跟待遇相对应，并不是领导职务，上级对下级并没有管理权限，所以并不会影响管理效率。同时，按照管理学理论，层级的增加也可以有利于调动公务员的做事积极性。

第二十条 具体职位的设置

各机关依照确定的职能、规格、编制限额、职数以及结构比例，设置本机关公务员的具体职位，并确定各职位的工作职责和任职资格条件。

第二十一条 公务员的级别

公务员的领导职务、职级应当对应相应的级别。公务员领导职务、职级与级别的对应关系，由国家规定。

根据工作需要和领导职务与职级的对应关系，公务员担任的领导职务和职级可以互相转任、兼任；符合规定资格条件的，可以晋升领导职务或者职级。

公务员的级别根据所任领导职务、职级及其德才表现、工作实绩和资历确定。公务员在同一领导职务、职级上，可以按照国家规定晋升级别。

公务员的领导职务、职级与级别是确定公务员工资以及其他待遇的依据。

▶理解与适用

1. 公务员领导职务层次与级别的对应关系是：(1) 国家级正职：一级；(2) 国家级副职：四级至二级；(3) 省部级正职：八级至四级；(4) 省部级副职：十级至六级；(5) 厅局级正职：十三级至八级；(6) 厅局级副职：十五级至十级；(7) 县处级正职：十八级至十二级；(8) 县处级副职：二十级至十四级；(9) 乡科级正职：二十二级至十六级；(10) 乡科级副职：二十四级至十七级。副部级机关内设机构、副省级市机关的司局级正职对应十五级至十级；司局级副职对应十八级至十二级。

2. 公务员级别应当根据其所任职务、德才表现、工作实绩和资历确定。新录用的，试用期满考核合格后，级别按照初任职务及本人学历、资历等确定。公开选拔或者调任的，按照新任职务及工作年限等，参照机关同类人员确定。

公务员累计五年定期考核结果均为称职以上等次的，可以在职务对应级别范围内晋升一个级别。担任县（市）委书记、县（市）长和乡（镇）党委书记、乡（镇）长的公务员，任现职每满五年并考核合格的，除执行前述规定外，再晋升一个级别。公务员职务晋升后，原级别低于新任职务对应最低级别的，晋升到新任职务对应的最低级别；原级别已在新任职务对应范围的，在原级别的基础上晋升一个级别。

▶条文参见

《法官法》第 26-29 条；《检察官法》第 27-30 条；《公务员职务与级别管理规定》第 5 条

第二十二条 衔级制度

国家根据人民警察、消防救援人员以及海关、驻外外交机构等公务员的工作特点，设置与其领导职务、职级相对应的衔级。

▶理解与适用

1. 人民警察实行警衔制度。警衔是区分人民警察等级、表明人民警察身份的称号、标志和国家给予人民警察的荣誉。人民警察实行警察职务等级编制警衔。一般而言，警衔高的人民警察对警衔低的人民警察，警衔高的为上级，如果警衔高的人民警察在职务上隶属于警衔低的人民警察时，职务高的为上级。人民警察警衔设五等十三级：(1) 总警监、副总警监；(2) 警监：一级、二级、三级；(3) 警督：一级、二级、三级；(4) 警司：一级、二级、三级；(5) 警员：一级、二级。担任专业技术职务的人民警察的警衔，在警衔前冠以“专业技术”。担任行政职务的人民警察实行下列职务等级编制警衔：(1) 部级正职：总警监；(2) 部级副职：副总警监；(3) 厅（局）级正职：一级警监至二级警监；(4) 厅（局）级副职：二级警监至三级警监；(5) 处（局）级正职：三级警监至二级警督；(6) 处（局）级副职：一级警督至三级警督；(7) 科（局）级正职：一级警督至一级警司；(8) 科（局）级副职：二级警督至二级警司；(9) 科员（警长）职：三级警督至三级警司；(10) 办事员（警员）职：一级警司至二级警员。担任专业技术职务的人民警察实行下列职务等级编制警衔：(1) 高级专业技术职务：一级警监至二级警督；(2) 中级专业技术职务：一级警督至二级警司；(3) 初级专业技术职务：三级警督至一级警员。

2. 消防救援衔制度。消防救援衔按照管理指挥人员、专业技术人员和消防员分别设置。管理指挥人员消防救援衔设下列三等十一级：(1) 总监、副总监、助理总监；(2) 指挥长：高级指挥长、一级指挥长、二级指挥长、三级指挥长；(3) 指挥员：一级指挥员、二级指挥员、三级指挥员、四级指挥员。专业技术人员消防救援衔设下列二等八级，在消防救援衔前冠以“专业技术”：(1) 指挥长：高级指挥长、一级指挥长、二级指挥长、三级指挥长；(2) 指挥员：一级指挥员、二级指挥员、三级指挥员、四级指挥员。消防员消防救援衔设下列三等八级：(1) 高级消防员：一级消防长、二级消防长、三级消防长；（2）中级消防员：一级消防士、二级消防士；（3）初级消防员：三级消防士、四级消防士、预备消防士。

3. 海关实行关衔制度。海关总署、分署、特派员办公室、各直属海关、隶属海关和办事处的国家公务员可以授予海关关衔。关衔是区分海关工作人员等级、表明海关工作人员身份的称号、标志和国家给予海关工作人员的荣誉。海关工作人员实行职务等级编制关衔。关衔高的海关工作人员对关衔低的海关工作人员，关衔高的为上级。当关衔高的海关工作人员在职务上隶属于关衔低的海关工作人员时，职务高的为上级。海关关衔设五等十三级：（1）海关总监、海关副总监；（2）关务监督：一级、二级、三级；（3）关务督察：一级、二级、三级；（4）关务督办：一级、二级、三级；（5）关务员：一级、二级。海关工作人员实行下列职务等级编制关衔：（1）署级正职：海关总监；（2）署级副职：海关副总监；（3）局级正职：一级关务监督至二级关务监督；（4）局级副职：二级关务监督至三级关务监督；（5）处级正职：三级关务监督至二级关务督察；（6）处级副职：一级关务督察至三级关务督察；（7）科级正职：二级关务督察至二级关务督办；（8）科级副职：三级关务督察至三级关务督办；（9）科员职：一级关务督办至一级关务员；（10）办事员职：二级关务督办至二级关务员。

4. 驻外、外交机构公务员的衔级。依据我国宪法，全国人大常委会“规定军人和外交人员的衔级制度和其他专门衔级制度”，因此，驻外外交机构公务员具体的衔级以及其他相关问题需要通过相关立法予以解决。现有的立法缺少相关规定。

▶条文参见

《人民警察法》第25条；《人民警察警衔条例》第3-9条；《消防救援衔条例》第6-9条；《海关关衔条例》第2-11条

第四章　录　　用

第二十三条　一级主任科员以下公务员的录用

录用担任一级主任科员以下及其他相当职级层次的公务员，采取公开考试、严格考察、平等竞争、择优录取的办法。

民族自治地方依照前款规定录用公务员时，依照法律和有关规定对少数民族报考者予以适当照顾。

▶条文参见

《公务员录用规定》第6条

第二十四条　公务员录用部门

中央机关及其直属机构公务员的录用，由中央公务员主管部门负责组织。地方各级机关公务员的录用，由省级公务员主管部门负责组织，必要时省级公务员主管部门可以授权设区的市级公务员主管部门组织。

▶条文参见

《公务员录用规定》第9-10条

第二十五条　报考条件

报考公务员，除应当具备本法第十三条规定的条件以外，还应当具备省级以上公务员主管部门规定的拟任职位所要求的资格条件。

国家对行政机关中初次从事行政处罚决定审核、行政复议、行政裁决、法律顾问的公务员实行统一法律职业资格考试制度，由国务院司法行政部门商有关部门组织实施。

▶理解与适用

报考者不得报考与招录机关公务员有公务员法第 74 条所列情形的职位。

对违反录用纪律的报考者，视情节轻重，分别给予批评教育，取消考试、考察和体检资格，不予录用或取消录用等处理。其中，有舞弊等严重违反录用纪律行为的，五年内不得报考公务员。构成犯罪的，依法追究刑事责任。

▶条文参见

本法第 74 条；《公务员录用规定》第四章

第二十六条　不得录用的情形

下列人员不得录用为公务员：

（一）因犯罪受过刑事处罚的；

（二）被开除中国共产党党籍的；

（三）被开除公职的；

（四）被依法列为失信联合惩戒对象的；

（五）有法律规定不得录用为公务员的其他情形的。

▶理解与适用

1. 开除党籍是最严重的一种党的纪律处分。党员受到开除党籍处分，五年内不得重新入党。另有规定不准重新入党的，依照规定。

2. 开除公职，是一种行政处分。公职是指在国家机关、国有公司、企业、事业单位、人民团体中担任职务。

3. 2016 年 12 月《国务院关于加强政务诚信建设的指导意见》，对建立健全政务信用管理体系作出了要求。（1）建立健全政务失信记录。将各级人民政府和公务员在履职过程中，因违法违规、失信违约被司法判决、行政处罚、纪律处分、问责处理等信息纳入政务失信记录。（2）健全守信激励与失信惩戒机制。各级人民政府存在政务失信记录的，要根据失信行为对经济社会发展造成的损失情况和社会影响程度，对具体失信情况书面说明原因并限期加以整改，依规取消相关政府部门参加各类荣誉评选资格，予以公开通报批评，对造成政务失信行为的主要负责人依法依规追究责任。社会信用体系建设部际联席会议有关成员单位联合开展区域政务诚信状况评价，在改革试点、项目投资、社会管理等政策领域和绩效考核中应用政务诚信评价结果。对存在政务失信记录的公务员，按照相关规定采取限制评优评先等处理措施。(3) 健全信用权益保护和信用修复机制。完善政务信用信息保护机制，按照法律法规规定采集各级人民政府和公务员政务失信记录。建立健全信用信息异议、投诉制度，探索扩展公务员失信记录信用修复渠道和方式。建立自我纠错、主动自新的关爱机制，公务员在政务失信行为发生后主动挽回损失、消除不良影响或者有效阻止危害结果发生的，可从轻或免于实施失信惩戒措施。

▶**条文参见**

《国务院关于加强政务诚信建设的指导意见》

第二十七条 录用前提

录用公务员，应当在规定的编制限额内，并有相应的职位空缺。

第二十八条 招考公告

录用公务员，应当发布招考公告。招考公告应当载明招考的职位、名额、报考资格条件、报考需要提交的申请材料以及其他报考须知事项。

招录机关应当采取措施，便利公民报考。

第二十九条 对报考申请的审查

招录机关根据报考资格条件对报考申请进行审查。报考者提交的申请材料应当真实、准确。

第三十条 考试方式和内容

公务员录用考试采取笔试和面试等方式进行，考试内容根据公务员应当具备的基本能力和不同职位类别、不同层级机关分别设置。

▶**条文参见**

《公务员录用规定》第五章

第三十一条 复审、考察和体检

招录机关根据考试成绩确定考察人选，并进行报考资格复审、考察和体检。

体检的项目和标准根据职位要求确定。具体办法由中央公务员主管部门会同国务院卫生健康行政部门规定。

▶**条文参见**

《公务员录用规定》第六章；《公务员录用体检通用标准（试行）》

第三十二条 公示

招录机关根据考试成绩、考察情况和体检结果，提出拟录用人员名单，并予以公示。公示期不少于五个工作日。

公示期满，中央一级招录机关应当将拟录用人员名单报中央公务员主管部门备案；地方各级招录机关应当将拟录用人员名单报省级或者设区的市级公务员主管部门审批。

▶**条文参见**

《公务员录用规定》第36-38条

第三十三条 特殊职位录用

录用特殊职位的公务员，经省级以上公务员主管部门批准，可以简化程序或者采用其他测评办法。

第三十四条 试用期

新录用的公务员试用期为一年。试用期满合格的，予以任职；不合格的，取消录用。

▶条文参见

《公务员录用规定》第 39-43 条

第五章 考 核

第三十五条 考核内容

公务员的考核应当按照管理权限，全面考核公务员的德、能、勤、绩、廉，重点考核政治素质和工作实绩。考核指标根据不同职位类别、不同层级机关分别设置。

▶理解与适用

德。全面考核政治品质和道德品行，重点了解学习贯彻习近平新时代中国特色社会主义思想，坚定理想信念，坚守初心使命，忠于宪法、忠于国家、忠于人民，增强“四个意识”、坚定“四个自信”、做到“两个维护”的情况；带头践行社会主义核心价值观，恪守职业道德，遵守社会公德、家庭美德和个人品德等情况。

能。全面考核适应新时代要求履职尽责的政治能力、工作能力和专业素养，重点了解政治鉴别能力、学习调研能力、依法行政能力、群众工作能力、沟通协调能力、贯彻执行能力、改革创新能力、应急处突能力等情况。

勤。全面考核精神状态和工作作风，重点了解忠于职守，遵守工作纪律，爱岗敬业、勤勉尽责，敢于担当、甘于奉献等情况。

绩。全面考核坚持以人民为中心，依法依规履行职位职责、承担急难险重任务等情况，重点了解完成工作的数量、质量、效率和所产生的效益等情况。

廉。全面考核遵守廉洁从政规定，落实中央八项规定及其实施细则精神等情况，重点了解秉公用权、廉洁自律等情况。

▶条文参见

《公务员考核规定》第4条

第三十六条 考核方式

公务员的考核分为平时考核、专项考核和定期考核等方式。定期考核以平时考核、专项考核为基础。

▶理解与适用

公务员的考核分为平时考核、专项考核和定期考核等方式。定期考核以平时考核、专项考核为基础。

平时考核是对公务员日常工作和一贯表现所进行的经常性考核，一般按照个人小结、审核评鉴、结果反馈等程序进行。

专项考核是对公务员完成重要专项工作，承担急难险重任务和关键时刻的政治表现、担当精神、作用发挥、实际成效等情况所进行的针对性考核，可以按照了解核实、综合研判、结果反馈等程序进行，或者结合推进专项工作灵活安排。

定期考核采取年度考核的方式，是对公务员一个自然年度内总体表现所进行的综合性考核，在每年年末或者翌年年初进行。

▶条文参见

《公务员考核规定》第5、25-26条

第三十七条 定期考核的程序

非领导成员公务员的定期考核采取年度考核的方式。先由个人按照职位职责和有关要求进行总结，主管领导在听取群众意见后，提出考核等次建议，由本机关负责人或者授权的考核委员会确定考核等次。

领导成员的考核由主管机关按照有关规定办理。

▶理解与适用

病、事假累计超过考核年度半年的公务员不进行考核，本考核年度不计算为按年度考核结果晋升级别和级别工资档次的考核年限。

受处分公务员年度考核按如下规定办理：(1) 受警告处分的当年，参加年度考核，不得确定为优秀等次；(2) 受记过、记大过、降级、撤职处分的期间，参加年度考核，只写评语，不定等次，本考核年度不计算为按年度考核结果晋升级别和级别工资档次的考核年限。在解除处分的当年及以后，其年度考核不受原处分影响。

对受党纪处分的公务员，根据《关于受党纪处分的党政机关工作人员年度考核有关问题的通知》(组通字〔1998〕19号) 的规定，按照下列办法办理：(1) 受党纪警告处分的当年，参加年度考核，不得确定为优秀等次。(2) 受党内严重警告处分的当年，参加年度考核，因与职务行为有关的错误而受严重警告处分的，确定为不称职；因其他的错误而受严重警告处分的，只写评语不确定等次。(3) 受撤销党内职务处分的当年，参加年度考核，确定为不称职；第二年按其新任职务参加年度考核，按规定条件确定等次。(4) 受留党察看处分的当年，参加年度考核，确定为不称职；受留党察看一年处分的第二年，参加年度考核，只写评语不确定等次；受留党察看二年处分的，第二年和第三年参加年度考核，只写评语不确定等次。

(5) 受开除党籍处分的当年，参加年度考核，确定为不称职，第二年和第三年参加年度考核，只写评语不确定等次。(6) 涉嫌违犯党纪被立案检查的，可以参加年度考核，但在其受检查期间不确定等次。结案后，不给予党纪处分的，按规定补定等次；给予党纪处分的，视其所受处分种类，分别按前述 (1) (2) (3) (4) (5) 项的规定办理。(7) 受党纪处分同时又受行政处分的，按受党纪处分的情况，确定其考核等次。

▶条文参见

《公务员考核规定》第27-30条；《党政领导干部考核工作条例》；《关于受党纪处分的党政机关工作人员年度考核有关问题的意见》

第三十八条　定期考核的结果

定期考核的结果分为优秀、称职、基本称职和不称职四个等次。

定期考核的结果应当以书面形式通知公务员本人。

▶理解与适用

确定为优秀等次须具备下列条件：(1) 思想政治素质高；(2) 精通业务，工作能力强；(3) 工作责任心强，勤勉尽责，工作作风好；(4) 工作实绩突出；(5) 清正廉洁。公务员年度考核优秀等次人数，一般掌握在本机关参加年度考核的公务员总人数的15%以内，最多不超过20%。

确定为称职须具备下列条件：(1) 思想政治素质较高；(2) 熟悉业务，工作能力较强；(3) 工作责任心强，工作积极，工作作风较好；(4) 能够完成本职工作；(5) 廉洁自律。

确定为基本称职，须具有下列情形之一：(1) 思想政治素质一般；(2) 履行职责的工作能力较弱；(3) 工作责任心一般，或工作作风方面存在明显不足；(4) 能基本完成本职工作，但完成工作的数量不足、质量和效率不高，或在工作中有较大失误；(5) 能基本做到廉洁自律，但某些方面存在不足。

应确定为不称职的情形：(1) 思想政治素质较差；(2) 业务素质和工作能力不能适应工作要求；(3) 工作责任心或工作作风差；(4) 不能完成工作任务，或在工作中因严重失误、失职造成重大损失或者恶劣社会影响；(5) 存在不廉洁问题，且情形较为严重。对无正当理由不参加年度考核的公务员，经教育后仍然拒绝参加的，直接确定其考核结果为不称职等次。

▶条文参见

《公务员考核规定》第 6-12、31 条；《党政领导干部考核工作条例》第 29-36 条

第三十九条 定期考核结果的作用

定期考核的结果作为调整公务员职位、职务、职级、级别、工资以及公务员奖励、培训、辞退的依据。

▶理解与适用

1. 公务员年度考核被确定为称职以上等次的，按照下列规定办理：(1) 累计两年被确定为称职以上等次的，在所定级别对应工资标准内晋升一个工资档次；(2) 累计五年被确定为称职以上等次的，在所任职务对应级别范围内晋升一个级别；(3) 确定为称职以上等次，且符合规定的其他任职资格条件的，具有晋升职务的资格；连续三年以上被确定为优秀等次的，晋升职务时优先考虑；(4) 被确定为优秀等次的，当年给予嘉奖；连续三年被确定为优秀等次的，记三等功；(5) 享受年度考核奖金。

2. 公务员年度考核被确定为基本称职等次的，按照下列规定办理：(1) 对其诫勉谈话，限期改进；(2) 本考核年度不计算为按年度考核结果晋升级别和级别工资档次的考核年限；(3) 一年内不得晋升职务；(4) 不享受年度考核奖金。领导干部在考核中被评定为基本称职的，考核机关应对其提出诫勉，

限期改进。视具体情况，也可以调整其领导职务。

3. 公务员年度考核被确定为不称职等次的，按照下列规定办理：(1) 降低一个职务层次任职；(2) 本考核年度不计算为按年度考核结果晋升级别和级别工资档次的考核年限；(3) 不享受年度考核奖金；(4) 连续两年年度考核被确定为不称职等次的，予以辞退。领导干部在考核中被评定为不称职的，应视具体情况，按干部管理权限和法定程序作如下处理：(1) 免去现任领导职务；(2) 责令辞去领导职务；(3) 降职。领导干部被免去现任领导职务或责令辞去领导职务后，可另行分配适当工作。

▶条文参见

《公务员考核规定》第 18-23 条；《党政领导干部考核工作条例》第 37-43 条

第六章　职务、职级任免

第四十条　任职方式

公务员领导职务实行选任制、委任制和聘任制。公务员职级实行委任制和聘任制。

领导成员职务按照国家规定实行任期制。

▶理解与适用

中共中央、全国人大常委会、国务院、全国政协的工作部门和工作机构的正职领导成员；县级以上地方党委、政府领导成员，纪委、人民法院、人民检察院的正职领导成员；省（自治区、直辖市）、市（地、州、盟）党委、人大常委会、政府、政协的工作部门和工作机构的正职领导成员每个任期为五年。

▶条文参见

《宪法》第66、79、87、93、98、124条；《党政领导干部职务任期暂行规定》；《公务员职务任务与职务升降规定（试行）》第3条

第四十一条 选任制公务员任免

选任制公务员在选举结果生效时即任当选职务；任期届满不再连任或者任期内辞职、被罢免、被撤职的，其所任职务即终止。

第四十二条 委任制公务员任免

委任制公务员试用期满考核合格，职务、职级发生变化，以及其他情形需要任免职务、职级的，应当按照管理权限和规定的程序任免。

▶理解与适用

具备拟任职务、职级所要求条件和资格的委任制公务员，具有下列情形的应予任职：（1）新录用公务员试用期满经考核合格的；（2）通过调任、公开选拔等方式进入公务员队伍的；（3）晋升或者降低职务、职级的；（4）转任、挂职锻炼的；（5）免职后需要新任职务、职级的；（6）其他原因需要任职的。任职一般按照下列程序进行：（1）按照有关规定提出拟任职人选；（2）根据职位要求对拟任职人选进行考察或者了解；（3）按照干部管理权限集体讨论决定；（4）按照规定履行任职手续。任职时，按照规定确定级别。

委任制公务员应予免职的情形是：（1）晋升职务后需要免去原任职务、职级的；（2）降低职务、职级的；（3）转任的；（4）辞职或者调出机关的；（5）非组织选派，离职学习期限超过一年的；（6）退休的；（7）其他原因需要免职的。以上情形的免职按照下列程序进行：（1）提出免职建议；（2）对免职事

由进行审核；(3) 按照干部管理权限集体讨论决定；(4) 按照规定履行免职手续。

公务员自然免除职务的情形是：(1) 受到刑事处罚的；(2) 受到撤职以上处分的；(3) 被辞退的；(4) 法律、法规及有关章程有其他规定的。自然免除职务的，可不再办理免职手续，由所在单位报任免机关备案。

▶条文参见

《公务员职务任免与职务升降规定（试行）》第 6–16 条

第四十三条　任职前提

公务员任职应当在规定的编制限额和职数内进行，并有相应的职位空缺。

第四十四条　公务员兼职

公务员因工作需要在机关外兼职，应当经有关机关批准，并不得领取兼职报酬。

▶理解与适用

2001 年 2 月 8 日中共中央纪委发出《关于印发〈关于省、地两级党委、政府主要领导干部配偶、子女个人经商办企业的具体规定（试行）〉的通知》（中纪发〔2001〕2 号），对省（自治区、直辖市）、地（市）两级党委、政府主要领导干部配偶、子女在该领导干部任职地区个人从事经商办企业活动作出如下规定：(1) 不准从事房地产开发、经营及相关代理、评估、咨询等有偿中介活动；(2) 不准从事广告代理、发布等经营活动；(3) 不准开办律师事务所，受聘担任律师的，不准在领导干部管辖地区代理诉讼；(4) 不准从事经营性歌厅、舞厅、夜总会等娱乐业，洗浴按摩等行业的经营活动；(5) 不准从事其他可能与公共利益发生冲突的经商办企业活动。已经从事上述经商办企业活动的，或者领导干部的配偶、子女退出所从事的经商办企业活动，或者领导干部本人辞去现任职务或给予组织处理。规定发布后，再从事上述活动的，对领导干部本人以违纪论处。

违反规定从事或者参与营利性活动，或者违反规定兼任职务、领取报酬的，予以警告、记过或者记大过；情节较重的，予以降级或者撤职；情节严重的，予以开除。

▶条文参见

本法第59条第16项；《中共中央、国务院关于进一步制止党政机关和党政干部经商、办企业的规定》；《中共中央办公厅、国务院办公厅关于贯彻执行〈中共中央、国务院关于进一步制止党政机关和党政干部经商、办企业的规定〉几个问题的说明》；《关于省、地两级党委、政府主要领导干部配偶、子女个人经商办企业的具体规定（试行）》；《公职人员政务处分法》第36条；《领导干部报告个人有关事项规定》第4条第1款第5项

第七章　职务、职级升降

第四十五条　领导职务晋升的条件和方式

公务员晋升领导职务，应当具备拟任职务所要求的政治素质、工作能力、文化程度和任职经历等方面的条件和资格。

公务员领导职务应当逐级晋升。特别优秀的或者工作特殊需要的，可以按照规定破格或者越级晋升。

▶理解与适用

1. 晋升县处级以上领导职务的公务员，除应当具备一定的思想政治素质、工作能力外，还应当具备下列资格：（1）提任县（处）级领导职务的，应当具有五年以上工龄和两年以上基

层工作经历。(2) 提任县(处)级以上领导职务的，一般应当具有在下一级两个以上职位任职的经历。(3) 提任县(处)级以上领导职务，由副职提任正职的，应当在副职岗位工作两年以上，由下级正职提任上级副职的，应当在下级正职岗位工作三年以上。(4) 一般应当具有大学专科以上文化程度，其中地(厅)、司(局)级以上领导干部一般应当具有大学本科以上文化程度。(5) 应当经过党校、行政院校或者组织(人事)部门认可的其他培训机构五年内累计三个月以上的培训，确因特殊情况在提任前未达到培训要求的，应当在提任后一年内完成培训。(6) 身体健康。(7) 提任党的领导职务的，应当符合《中国共产党章程》规定的党龄要求。

特别优秀的年轻干部或者工作特殊需要的，可以破格提拔。破格提拔程序另行规定。

2. 晋升乡科级领导职务的公务员，除具备一定的思想政治素质、工作能力外，还应当符合下列资格条件：(1) 具有大学专科以上文化程度；(2) 晋升乡科级正职领导职务的，应当担任副乡科级职务两年以上；(3) 晋升乡科级副职领导职务的，应当担任科员级职务三年以上；(4) 具有正常履行职责的身体条件；(5) 其他应当具备的资格。

▶**条文参见**

《人民警察警衔条例》第14-18条；《消防救援衔条例》第18-22条；《海关关衔条例》第12-17条；《党政领导干部选拔任用工作条例》第7、8条；《公务员职务任免与职务升降规定(试行)》第19、20条

第四十六条　领导职务晋升的程序

公务员晋升领导职务，按照下列程序办理：

（一）动议；

（二）民主推荐；

（三）确定考察对象，组织考察；
（四）按照管理权限讨论决定；
（五）履行任职手续。

▶理解与适用

此次修订新增动议程序。将动议程序作为选人用人的第一道关口，对于干部选任过程中的科学化、程序化、责任化有着重要意义。

第四十七条　职务空缺时任职人选产生方式

厅局级正职以下领导职务出现空缺且本机关没有合适人选的，可以通过适当方式面向社会选拔任职人选。

▶条文参见

《公开选拔党政领导干部工作暂行规定》

第四十八条　领导职务任前公示和任职试用期

公务员晋升领导职务的，应当按照有关规定实行任职前公示制度和任职试用期制度。

▶理解与适用

任前公示制，就是将党委（党组）集体讨论研究确定拟提拔或调整的干部的有关情况，通过一定的方式，在一定范围和期限内进行公布，广泛听取群众的反映和意见，再正式实施对干部的任用。根据《关于推行党政领导干部任前公示制的意见》，提拔担任地厅级以下（含地厅级）委任制党政领导职务的拟任人选，除特殊岗位外，都应列为公示对象。选任制干部的推荐提名人选、非领导职务改任同级领导职务的人选、平级转任重要职务的人选，根据实际情况，也可列为公示对象。公示程序为四个步骤：（1）党委（党组）研究确定拟任人选后，以一定方式予以公示；(2) 以组织（人事）部门为主受理群众意见；(3) 调查核实群众反映的问题，并向署名或当面反映问题的群众反馈调查核实结果；(4) 根据调查核实情况提出处理意见，决定是否实施对干部的任用，并予以公布。对群众反映问题的调查、处理，是实施任前公示制的关键环节，调查核实工作要深入细致，讲究方法。对调查核实结果的处理，主要分四种情况：(1) 所反映问题不存在的，予以任用；(2) 属于一般性缺点、不足，不影响提拔任用的，按预定的方案任用，并在任用谈话时向干部指出存在的问题，督促改正；(3) 对政治立场、思想品质、廉洁自律等方面存在严重问题的，经党委（党组）复议后不予任用，对其中属于违纪违法的，应移交纪检监察机关或司法机关按照有关规定处理；(4) 反映的问题性质比较严重，一时难以查实但又不能轻易否定的，暂缓任用。暂缓任用的时间一般不应超过三个月。三个月内仍未查实的，由公示对象本人作出负责任的书面说明，经党委（党组）研究认为不影响任职的，可履行任职手续。此后，如经查实发现有影响任职问题的，解除现职并依照有关规定从严处理。也可结合实行领导干部任职试用期制度，在试用期内作进一步的考察。

任职试用期制度，是指干部在一定期限内任职试用，在试用期间或试用期满经考核不合格的，按照有关规定，及时作出调整的制度。根据《党政领导干部任职试用期暂行规定》（中组发〔2001〕2号）的规定，非选举产生的司厅局级以下（含司厅局级）领导职务的干部，包括：党委、政府工作部门（含派出机构）的副职和内设机构的领导职务；人大、政协工作机构（含派出机构）的副职和内设机构的领导职务；纪委内设机构的领导职务；法院、检察院内设机构的非国家权力机关依法任命的领导职务；以及由非领导职务转任前述同级领导职务的，都有一年的任职试用期，自任免机关发出试用任职通知时计算。领导干部在试用期间，履行所任职务的职责，享受相应的政治和工资待遇。试用期满，经考核合格的，由组织（人事）部门办理正式任职手续。正式任职的，试用期计入任职时间。试用期满，经考核不合格的，按干部管理权限审批或备案后，免去试任职务，一般按试用前原职级安排适当工作。如在试用期间工作出现重大失误或犯有严重错误，不宜继续试用的，按干部管理权限审批或备案后，提前结束试用期，并按有关规定予以处理。

▶条文参见

《关于推行党政领导干部任前公示制的意见》；《党政领导干部任职试用期暂行规定》

第四十九条 逐级晋升

公务员职级应当逐级晋升，根据个人德才表现、工作实绩和任职资历，参考民主推荐或者民主测评结果确定人选，经公示后，按照管理权限审批。

第五十条 降职

公务员的职务、职级实行能上能下。对不适宜或者不胜任现任职务、职级的，应当进行调整。

公务员在年度考核中被确定为不称职的，按照规定程序降低一个职务或者职级层次任职。

▶理解与适用

能上能下，重点是解决能下问题。必须坚持实事求是、公道正派，坚持人岗相适、人尽其才，坚持依法依规、积极稳妥，着力解决为官不正、为官不为、为官乱为等问题，促使领导干部自觉践行“三严三实”要求，推动形成能者上、庸者下、劣者汰的用人导向和从政环境。

公务员的降职，是指公务员职务、职级的下降，它一般意味着公务员在行政部门职位结构中所处位置的降低，职权和责任范围的缩小以及工资、福利等方面待遇的相应降低。我国公务员制度所规定的降职是一种任用形式和任用行为，而不是一种惩戒种类和惩戒手段。

按照规定，公务员在定期考核中被确定为不称职的，应予降职。公务员被降职的，其级别超过新任职务对应的最高级别的，应当同时降至新任职务对应的最高级别。但如果原级别是在降职后所任职务的级别范围之内的，则不再降低级别。

降职的公务员，在新的职位工作一年以上，德才表现和工作实绩突出，经考察符合晋升职务、职级条件的，可晋升职务或者职级。其中，降职时降低级别的，其级别按照规定晋升；降职时未降低级别的，晋升到降职前职务层次的职务时，其级别不随职务晋升。

▶**条文参见**

《推进领导干部能上能下若干规定（试行）》；《公务员职务任免与职务升降规定（试行）》第五章

第八章　奖　　励

第五十一条　奖励的条件和方式

对工作表现突出，有显著成绩和贡献，或者有其他突出事迹的公务员或者公务员集体，给予奖励。奖励坚持定期奖励与及时奖励相结合，精神奖励与物质奖励相结合、以精神奖励为主的原则。

公务员集体的奖励适用于按照编制序列设置的机构或者为完成专项任务组成的工作集体。

▶**理解与适用**

公务员集体是指按照编制序列设置的机构或者为完成专项任务组成的工作集体。

第五十二条 应予奖励的情形

公务员或者公务员集体有下列情形之一的，给予奖励：

（一）忠于职守，积极工作，勇于担当，工作实绩显著的；

（二）遵纪守法，廉洁奉公，作风正派，办事公道，模范作用突出的；

（三）在工作中有发明创造或者提出合理化建议，取得显著经济效益或者社会效益的；

（四）为增进民族团结，维护社会稳定做出突出贡献的；

（五）爱护公共财产，节约国家资财有突出成绩的；

（六）防止或者消除事故有功，使国家和人民群众利益免受或者减少损失的；

（七）在抢险、救灾等特定环境中做出突出贡献的；

（八）同违纪违法行为作斗争有功绩的；

（九）在对外交往中为国家争得荣誉和利益的；

（十）有其他突出功绩的。

▶条文参见

《法官法》第44、45条；《检察官法》第45、46条；《公务员奖励规定》第5条；《公安机关人民警察奖励条令》第9-12条

第五十三条 奖励的种类

奖励分为：嘉奖、记三等功、记二等功、记一等功、授予称号。

对受奖励的公务员或者公务员集体予以表彰，并对受奖励的个人给予一次性奖金或者其他待遇。

▶理解与适用

1. 对表现突出的，给予嘉奖，奖金标准为1500元；对做出较大贡献的，记三等功，奖金标准为3000元。给予嘉奖和记

三等功，一般结合年度考核进行，年度考核被确定为优秀等次的，予以嘉奖，连续3年被确定为优秀等次的，记三等功；嘉奖、记三等功，由县级以上党委、政府或者市（地）级以上机关批准。

2. 对做出重大贡献的，记二等功，奖金标准为6000元。一般每5年评选1次，由市（地）级以上党委、政府或者省级以上机关批准。

3. 对做出杰出贡献的，记一等功，奖金标准为12000元。一般每5年评选1次，由省级以上党委、政府或者中央机关批准。

4. 对功绩卓著的，授予“人民满意的公务员”“人民满意的公务员集体”或者“模范公务员”“模范公务员集体”等荣誉称号，奖金标准为20000元。一般每5年评选1次，由省级以上党委、政府或者中央公务员主管部门批准。对在处理突发事件和承担专项重要工作中做出显著成绩和贡献的，应当及时给予奖励，其中符合授予荣誉称号条件的，授予“模范公务员”“模范公务员集体”等荣誉称号。

▶条文参见

《公务员奖励规定》第6、10-17条；《人民警察法》第31条

第五十四条 奖励的程序

给予公务员或者公务员集体奖励，按照规定的权限和程序决定或者审批。

▶条文参见

《公务员奖励规定》第三章

第五十五条 重大工作的奖励

按照国家规定，可以向参与特定时期、特定领域重大工作的公务员颁发纪念证书或者纪念章。

第五十六条 撤销奖励的情形

公务员或者公务员集体有下列情形之一的，撤销奖励：

（一）弄虚作假，骗取奖励的；

（二）申报奖励时隐瞒严重错误或者严重违反规定程序的；

（三）有严重违纪违法等行为，影响称号声誉的；

（四）有法律、法规规定应当撤销奖励的其他情形的。

▶理解与适用

根据《公务员奖励规定》第20条的规定，撤销奖励，由原申报机关按程序报审批机关批准，由审批机关作出撤销决定，并在一定范围内通报。必要时，审批机关可以直接撤销奖励。

▶条文参见

《公务员奖励规定》第19-21条

第九章 监督与惩戒

第五十七条 日常管理监督制度

机关应当对公务员的思想政治、履行职责、作风表现、遵纪守法等情况进行监督，开展勤政廉政教育，建立日常管理监督制度。

对公务员监督发现问题的，应当区分不同情况，予以谈话提醒、批评教育、责令检查、诫勉、组织调整、处分。

对公务员涉嫌职务违法和职务犯罪的，应当依法移送监察机关处理。

▶理解与适用

此次修改公务员法将本章章名“惩戒”修改为“监督与惩戒”，增加了有关加强公务员监督的规定。本条为新增条款，要求对公务员在思想政治、履行职责、作风表现及遵守纪律等方面进行监督。

▶条文参见

《监察法》

第五十八条 请示报告

公务员应当自觉接受监督，按照规定请示报告工作、报告个人有关事项。

▶条文参见

《领导干部报告个人有关事项规定》

第五十九条 违纪行为

公务员应当遵纪守法，不得有下列行为：

（一）散布有损宪法权威、中国共产党和国家声誉的言论，组织或者参加旨在反对宪法、中国共产党领导和国家的集会、游行、示威等活动；

（二）组织或者参加非法组织，组织或者参加罢工；

（三）挑拨、破坏民族关系，参加民族分裂活动或者组织、利用宗教活动破坏民族团结和社会稳定；

（四）不担当，不作为，玩忽职守，贻误工作；

（五）拒绝执行上级依法作出的决定和命令；

（六）对批评、申诉、控告、检举进行压制或者打击报复；

（七）弄虚作假，误导、欺骗领导和公众；

（八）贪污贿赂，利用职务之便为自己或者他人谋取私利；

（九）违反财经纪律，浪费国家资财；

（十）滥用职权，侵害公民、法人或者其他组织的合法权益；

（十一）泄露国家秘密或者工作秘密；

（十二）在对外交往中损害国家荣誉和利益；

（十三）参与或者支持色情、吸毒、赌博、迷信等活动；

（十四）违反职业道德、社会公德和家庭美德；

（十五）违反有关规定参与禁止的网络传播行为或者网络活动；

（十六）违反有关规定从事或者参与营利性活动，在企业或者其他营利性组织中兼任职务；

（十七）旷工或者因公外出、请假期满无正当理由逾期不归；

（十八）违纪违法的其他行为。

▶**条文参见**

《公职人员政务处分法》第三章

第六十条 对上级决定或命令有异议时的处理

公务员执行公务时，认为上级的决定或者命令有错误的，可以向上级提出改正或者撤销该决定或者命令的意见；上级不改变该决定或者命令，或者要求立即执行的，公务员应当执行该决定或者命令，执行的后果由上级负责，公务员不承担责任；但是，公务员执行明显违法的决定或者命令的，应当依法承担相应的责任。

第六十一条 处分的实施

公务员因违纪违法应当承担纪律责任的，依照本法给予处分或者由监察机关依法给予政务处分；违纪违法行为情节轻微，经批评教育后改正的，可以免予处分。

对同一违纪违法行为，监察机关已经作出政务处分决定的，公务员所在机关不再给予处分。

▶理解与适用

公职人员有下列情形之一的，可以从轻或者减轻给予政务处分：（1）主动交代本人应当受到政务处分的违法行为的；（2）配合调查，如实说明本人违法事实的；（3）检举他人违纪违法行为，经查证属实的；（4）主动采取措施，有效避免、挽回损失或者消除不良影响的；（5）在共同违法行为中起次要或者辅助作用的；（6）主动上交或者退赔违法所得的；（7）法律、法规规定的其他从轻或者减轻情节。公职人员违法行为情节轻微，且具有上述规定的情形之一的，可以对其进行谈话提醒、批评教育、责令检查或者予以诫勉，免予或者不予政务处分。公职人员因不明真相被裹挟或者被胁迫参与违法活动，经批评教育后确有悔改表现的，可以减轻、免予或者不予政务处分。

公职人员有下列情形之一的，应当从重给予政务处分：（1）在政务处分期内再次故意违法，应当受到政务处分的；（2）阻止他人检举、提供证据的；（3）串供或者伪造、隐匿、毁灭证据的；（4）包庇同案人员的；（5）胁迫、唆使他人实施违法行为的；（6）拒不上交或者退赔违法所得的；（7）法律、法规规定的其他从重情节。

▶条文参见

《公职人员政务处分法》第11-13条

第六十二条　处分种类

处分分为：警告、记过、记大过、降级、撤职、开除。

▶条文参见

《公职人员政务处分法》第7条；《监察法》第52条第1款第2项

第六十三条 处分程序

对公务员的处分，应当事实清楚、证据确凿、定性准确、处理恰当、程序合法、手续完备。

公务员违纪违法的，应当由处分决定机关决定对公务员违纪违法的情况进行调查，并将调查认定的事实以及拟给予处分的依据告知公务员本人。公务员有权进行陈述和申辩；处分决定机关不得因公务员申辩而加重处分。

处分决定机关认为对公务员应当给予处分的，应当在规定的期限内，按照管理权限和规定的程序作出处分决定。处分决定应当以书面形式通知公务员本人。

▶条文参见

《公职人员政务处分法》第四章

第六十四条 处分的后果和期间

公务员在受处分期间不得晋升职务、职级和级别，其中受记过、记大过、降级、撤职处分的，不得晋升工资档次。

受处分的期间为：警告，六个月；记过，十二个月；记大过，十八个月；降级、撤职，二十四个月。

受撤职处分的，按照规定降低级别。

▶理解与适用

1.《关于国家机关、事业单位工作人员受行政刑事处罚工资处理意见的复函》规定：

(1) 被取保候审或被监视居住的，在取保候审或被监视居住期间停发原工资，并按以下办法计发生活费：原为国家公务员的，按照本人原基本工资额（即职务工资、级别工资、基础工资和工龄工资四项之和，现行公务员基本工资只由职务工资和级别工资两项构成，下同）的75%计发生活费；机关技术工人按照本人原岗位工资和技术等级（职务）工资之和，机关普通工人按照原岗位工资数额，分别作为生活费发给，取消每月发放的奖金部分；事业单位工作人员按照本人原工资中的固定部分作为生活费发给，取消其工资中活的部分（即津贴）。前述人员经审查核实后，如构不成刑事犯罪或不被刑事处罚，且不给予任何行政纪律处分的，补发其被扣除的工资、奖金、津贴、补贴；如被追究刑事责任或受到行政、刑事处罚或给予行政纪律处分的，不再补发被减发和扣发的工资、奖金、津贴、补贴。

(2) 被公安机关强制收容教育、强制戒毒（包括所外执行）的人员，其工资处理问题参照被取保候审和监视居住人员的工资处理办法执行。

(3) 被羁押人员在被羁押期间停发工资。公安、检察机关撤案或检察机关决定不予以起诉以及检察机关虽决定起诉而法院宣判无罪的，按下列原则分别处理：犯罪嫌疑人未被治安拘留，原单位也未给予行政纪律处分的，由原单位补发其被羁押期间的工资、奖金、津贴、补贴；如未被治安拘留，原单位给予行政纪律处分的，由原单位补发其被羁押期间的工资问题按照被取保候审和监视居住的工资处理办法执行；如被治安拘留的，其被羁押期间减发和扣发的工资、奖金、津贴、补贴不予补发。法院决定免予追究刑事责任的，被羁押期间减发和扣发的工资、奖金、津贴、补贴也不予补发。

(4) 被判处拘役、有期徒刑宣告缓刑的，在缓刑执行期间，停发原工资。对安排了临时工作的缓刑人员，原为国家公务员的按本人缓刑前基本工资额的60%发给生活费；机关工勤人员按工资中固定部分（技术工人的岗位工资和技术等级〈职务〉工资，机关普通工人的岗位工资）85%的数额计发生活费，其工资中的奖金部分不再发放；事业单位工作人员按本人受处罚前工资固定部分85%的数额计发生活费，其工资中活的部分（津贴）不再发放。若按此发放的生活费低于本地区最低生活保障线标准的，按本地区最低生活保障线发放。缓刑期间到达离退休年龄的，按照《人事部关于国家行政机关工作人员被判处管制、拘役及判处刑罚宣告缓刑后的工作和工资问题的通知》（人核发〔1989〕2号）文中“缓刑人员在缓刑期间，不能办理离退休手续”的规定，不办理离退休手续，继续按缓刑期间的标准发放生活费。缓刑期满至原单位对本人做出处理期间的生活费，按缓刑期间的标准计发。缓刑期满后分配正式工作的，其工资待遇根据新任职务、新任岗位按不高于同等条件人员重新确定。缓刑期满到达离休年龄的，根据《劳动人事部老干部服务局关于离休干部受刑事处分后待遇问题的复函》（劳人老函〔1987〕5号）和《人事部离休退休司关于干部被判处有期徒缓刑考验期满后能否办离休的函》（人退司函〔1988〕2号）文件精神，凡触犯刑律受到刑事处罚的，都不能再享受离休待遇和办理离休手续。其退出工作岗位后的生活待遇和管理等问题，由各省、自治区、直辖市或各部门研究确定。缓刑期满到达退休年龄的，可以办理退休手续，按照重新确定的工资标准，享受相应的退休待遇。

(5) 被判处管制的人员由原单位接收的，参照被判处刑罚宣告缓刑人员的工资处理办法执行。

(6) 被判处拘役的人员，拘役期间工资停发。期满释放，经上级主管机关批准由原单位接收并分配正式工作的，可参照被判处刑罚宣告缓刑人员缓刑期满后的工资处理办法执行。

(7) 受到徒刑以上刑事处罚的人员，在服刑期间停发工资。服刑期满后如原单位接收并安排工作，其工资待遇按新录用人员的工资办法处理。

(8) 被治安拘留的人员，对仍保留公职且所外执行者，可参照被判处刑罚宣告缓刑人员的工资处理办法执行。

在采取上述强制措施、受行政或刑事处罚期间，不计为工龄。

2. 国家公务员被判刑后又改判的工资的计发：

(1) 国家机关和事业单位工作人员经核实确被错判犯罪的，应恢复其原工资待遇，在原判期间的经济损失及精神损失按《国家赔偿法》中的有关规定予以补偿；被减发或停发的工资、奖金、津贴、补贴不予补发。原判期间可计算为连续工龄。

（2）因触犯刑律被判刑的，经司法机关复查，认为原判过重，改为免予刑事处罚的，回原单位后其工资待遇应视其罪行轻重和是否给予行政纪律处分而定，即：情节较轻，态度较好，免予行政纪律处分者，可恢复原工资待遇。给予行政纪律处分的按有关规定确定工资待遇。以上两种情况，在原判期间被减发和扣发的工资、奖金、津贴、补贴均不予补发。原判期间不计算为工龄。

▶条文参见

《关于国家机关、事业单位工作人员受行政刑事处罚工资处理意见的复函》；《公职人员政务处分法》第8条

第六十五条　处分的解除

公务员受开除以外的处分，在受处分期间有悔改表现，并且没有再发生违纪违法行为的，处分期满后自动解除。

解除处分后，晋升工资档次、级别和职务、职级不再受原处分的影响。但是，解除降级、撤职处分的，不视为恢复原级别、原职务、原职级。

第十章　培　训

第六十六条　培训方式和机构

机关根据公务员工作职责的要求和提高公务员素质的需要，对公务员进行分类分级培训。

国家建立专门的公务员培训机构。机关根据需要也可以委托其他培训机构承担公务员培训任务。

▶**条文参见**

《公务员培训规定》；《法官教育培训工作条例》；《检察官教育培训工作条例》；《公安机关人民警察培训暂行规定》

第六十七条　培训种类

机关对新录用人员应当在试用期内进行初任培训；对晋升领导职务的公务员应当在任职前或者任职后一年内进行任职培训；对从事专项工作的公务员应当进行专门业务培训；对全体公务员应当进行提高政治素质和工作能力、更新知识的在职培训，其中对专业技术类公务员应当进行专业技术培训。

国家有计划地加强对优秀年轻公务员的培训。

第六十八条　培训的管理、时间和结果

公务员的培训实行登记管理。

公务员参加培训的时间由公务员主管部门按照本法第六十七条规定的培训要求予以确定。

公务员培训情况、学习成绩作为公务员考核的内容和任职、晋升的依据之一。

第十一章　交流与回避

第六十九条　公务员交流制度

国家实行公务员交流制度。

公务员可以在公务员和参照本法管理的工作人员队伍内部交流，也可以与国有企业和不参照本法管理的事业单位中从事公务的人员交流。

交流的方式包括调任、转任。

▶条文参见

《党政领导干部交流工作规定》；《党政领导干部选拔任用工作条例》第 51 条

第七十条 调任

国有企业、高等院校和科研院所以及其他不参照本法管理的事业单位中从事公务的人员，可以调入机关担任领导职务或者四级调研员以上及其他相当层次的职级。

调任人选应当具备本法第十三条规定的条件和拟任职位所要求的资格条件，并不得有本法第二十六条规定的情形。调任机关应当根据上述规定，对调任人选进行严格考察，并按照管理权限审批，必要时可以对调任人选进行考试。

▶理解与适用

1. 调任人选应当具备的资格条件是：(1) 具有良好的政治、业务素质，工作能力强、勤奋敬业、实绩突出。(2) 具有与拟调任职位要求相当的工作经历和任职资历。(3) 具备公务员法及其配套法规规定的晋升至拟任职务累计所需的最低工作年限。专业技术人员调入机关任职的，应当担任副高级专业技术职务二年以上，或者已担任正高级专业技术职务。(4) 调入中央机关、省级机关任职的，应当具有大学本科以上文化程度；调入市（地）级以下机关任职的，应当具有大学专科以上文化程度。(5) 调任厅局级职务的，原则上不超过五十五周岁；调任县（市）领导班子成员职务的，原则上不超过五十周岁，调任其他处级职务的，原则上不超过四十五周岁；调任科级领导职务的，原则上不超过四十周岁。(6) 符合法律、法规、章程规定的其他条件。因工作特殊需要，第 (3)(4)(5) 项需适当调整的，市（地）级以下机关应当按照干部管理权限报上一级公务员主管部门批准同意，省级以上机关应当按照干部管理权限报同级公务员主管部门批准同意。

2. 根据本法第26条以及《公务员调任规定》第8条的规定，有以下情形的人员不得调任：(1) 因犯罪受过刑事处罚的；(2) 被开除中国共产党党籍的；(3) 被开除公职的；(4) 被依法列为失信联合惩戒对象的；(5) 涉嫌违纪违法正在接受有关专门机关审查尚未作出结论的；(6) 受处分期间或者未满影响期限的；(7) 正在接受审计机关审计的；(8) 法律、法规规定的其他情形。

▶**条文参见**

本法第26条；《公务员调任规定》

第七十一条 转任

公务员在不同职位之间转任应当具备拟任职位所要求的资格条件，在规定的编制限额和职数内进行。

对省部级正职以下的领导成员应当有计划、有重点地实行跨地区、跨部门转任。

对担任机关内设机构领导职务和其他工作性质特殊的公务员，应当有计划地在本机关内转任。

上级机关应当注重从基层机关公开遴选公务员。

▶**理解与适用**

根据《公务员公开遴选办法》的规定，所谓公开遴选，是指市（地）级以上机关从下级机关公开择优选拔任用内设机构公务员。公开遴选坚持党管干部原则，突出政治标准，坚持德才兼备、以德为先，任人唯贤，坚持事业为上、人岗相适、人事相宜，坚持公道正派、注重实绩、群众公认，坚持依法依规办事。公开遴选是公务员转任方式之一，很大的一个特点是上级机关直接向下级基层机关选人，可越级遴选，而且遴选通过后，工作单位的级别将有很大程度的提高。

▶**条文参见**

《公务员公开遴选办法》第2、3条

第七十二条　挂职

根据工作需要，机关可以采取挂职方式选派公务员承担重大工程、重大项目、重点任务或者其他专项工作。

公务员在挂职期间，不改变与原机关的人事关系。

▶理解与适用

挂职作为一种特殊的交流方式并不引起职务关系的变化。因为，在挂职这种交流形式中，挂职人员并不改变与原机关的人事关系，故其无须办理调动手续，其档案与编制也仍留在原机关，只是在具体业务上受接收单位领导。

第七十三条　服从交流决定

公务员应当服从机关的交流决定。

公务员本人申请交流的，按照管理权限审批。

▶理解与适用

公职人员涉嫌违法，已经被立案调查，不宜继续履行职责的，公职人员任免机关、单位可以决定暂停其履行职务。公职人员在被立案调查期间，未经监察机关同意，不得出境、辞去公职；被调查公职人员所在机关、单位及上级机关、单位不得对其交流、晋升、奖励、处分或者办理退休手续。

▶条文参见

《公职人员政务处分法》第52条

第七十四条　任职回避

公务员之间有夫妻关系、直系血亲关系、三代以内旁系血亲关系以及近姻亲关系的，不得在同一机关双方直接隶属于同一领导人员的职位或者有直接上下级领导关系的职位工作，也不得在其中一方担任领导职务的机关从事组织、人事、纪检、监察、审计和财务工作。

公务员不得在其配偶、子女及其配偶经营的企业、营利性组织的行业监管或者主管部门担任领导成员。

因地域或者工作性质特殊，需要变通执行任职回避的，由省级以上公务员主管部门规定。

▶理解与适用

直系血亲关系，包括祖父母、外祖父母、父母、子女、孙子女、外孙子女；三代以内旁系血亲关系，包括伯叔姑舅姨、兄弟姐妹、堂兄弟姐妹、表兄弟姐妹、侄子女、甥子女；近姻亲关系，包括配偶的父母、配偶的兄弟姐妹及其配偶、子女的配偶及子女配偶的父母、三代以内旁系血亲的配偶。

▶条文参见

《法官法》第23、24条；《检察官法》第24、25条；《公务员录用规定》第20条

第七十五条 地域回避

公务员担任乡级机关、县级机关、设区的市级机关及其有关部门主要领导职务的，应当按照有关规定实行地域回避。

第七十六条 公务回避

公务员执行公务时，有下列情形之一的，应当回避：

（一）涉及本人利害关系的；

（二）涉及与本人有本法第七十四条第一款所列亲属关系人员的利害关系的；

（三）其他可能影响公正执行公务的。

▶条文参见

《公职人员政务处分法》第47、48、63条

第七十七条 回避的程序

公务员有应当回避情形的，本人应当申请回避；利害关系人有权申请公务员回避。其他人员可以向机关提供公务员需要回避的情况。

机关根据公务员本人或者利害关系人的申请，经审查后作出是否回避的决定，也可以不经申请直接作出回避决定。

第七十八条 关于回避的其他法律规定

法律对公务员回避另有规定的，从其规定。

▶**条文参见**

《刑事诉讼法》第三章；《民事诉讼法》第四章

第十二章　工资、福利与保险

第七十九条 工资制度

公务员实行国家统一规定的工资制度。

公务员工资制度贯彻按劳分配的原则，体现工作职责、工作能力、工作实绩、资历等因素，保持不同领导职务、职级、级别之间的合理工资差距。

国家建立公务员工资的正常增长机制。

第八十条 工资构成

公务员工资包括基本工资、津贴、补贴和奖金。

公务员按照国家规定享受地区附加津贴、艰苦边远地区津贴、岗位津贴等津贴。

公务员按照国家规定享受住房、医疗等补贴、补助。

公务员在定期考核中被确定为优秀、称职的，按照国家规定享受年终奖金。

公务员工资应当按时足额发放。

▶理解与适用

公务员基本工资的构成由之前的职务工资、级别工资、基础工资和工龄工资四项调整为职务工资和级别工资两项，取消基础工资和工龄工资。职务工资，主要体现公务员的工作职责大小。一个职务对应一个工资标准，领导职务和相当职务层次的非领导职务对应不同的工资标准。公务员按所任职务执行相应的职务工资标准。级别工资，主要体现公务员的工作实绩和资历。公务员每一职务层次对应若干个级别，每一级别设若干个工资档次。公务员根据所任职务、德才表现、工作实绩和资历确定级别和级别工资档次，执行相应的级别工资标准。公务员晋升职务后，执行新任职务的职务工资标准，并按规定晋升级别和增加级别工资。公务员年度考核称职及以上的，一般每五年可在所任职务对应的级别内晋升一个级别，一般每两年可在所任级别对应的工资标准内晋升一个工资档次。公务员的级别达到所任职务对应最高级别后，不再晋升级别，在最高级别工资标准内晋升级别工资档次。厅局级副职及以下职务层次的公务员，任职时间和级别达到规定条件后，经考核合格，可以享受上一职务层次非领导职务的工资等待遇。

地区附加津贴主要是因不同地区经济发展水平、物价消费水平等方面的差异而发放的。艰苦边远地区津贴主要是根据自然地理环境、社会发展等方面的差异，对在艰苦边远地区工作生活的工作人员给予适当补偿。岗位津贴是向在特殊岗位工作的人员发放的。

▶条文参见

《关于工资总额组成的规定》；《〈关于工资总额组成的规定〉若干具体范围的解释》

第八十一条 工资水平的确定

公务员的工资水平应当与国民经济发展相协调、与社会进步相适应。

国家实行工资调查制度，定期进行公务员和企业相当人员工资水平的调查比较，并将工资调查比较结果作为调整公务员工资水平的依据。

第八十二条 福利待遇

公务员按照国家规定享受福利待遇。国家根据经济社会发展水平提高公务员的福利待遇。

公务员执行国家规定的工时制度，按照国家规定享受休假。公务员在法定工作日之外加班的，应当给予相应的补休，不能补休的按照国家规定给予补助。

▶理解与适用

［工时］

国家实行每日8小时、每周40小时工时制度。在特殊条件下从事劳动和有特殊情况、需要适当缩短工作时间的，按照国家有关规定执行。因工作性质或者生产特点的限制，不能实行前述工时制度的，按照国家有关规定，可以实行其他工作和休息办法。公务员在法定工作日之外加班的，应当给予相应的补休。不能补休的按照国家规定给予补助。

［年节及纪念日放假］

全体公民放假的节日：新年（1月1日）放假1天；春节（农历正月初一、初二、初三）放假3天；清明节（农历清明当日）放假1天；劳动节（5月1日）放假1天；端午节（农历端午当日）放假1天；中秋节（农历中秋当日）放假1天；国庆节（10月1日、2日、3日）放假3天。如果恰逢星期六、星期日，应当在工作日补假。

部分公民放假的节日：妇女节（3月8日）放假半天；青年节（5月4日）14周岁以上的公民放假半天；中国人民解放军建军纪念日（8月1日），现役军人放假半天。

[带薪年休假]

连续工作1年以上的公务员按照《职工带薪年休假条例》享受年休假，累计工作已满1年不满10年的，年休假5天；已满10年不满20年的，年休假10天；已满20年的，年休假15天。国家法定休假日、休息日不计入年休假的假期。在年休假期间享受与正常工作期间相同的工资收入。如有下列情形之一的不享受当年的年休假：（1）职工依法享受寒暑假，其休假天数多于年休假天数的；（2）职工请事假累计20天以上且单位按照规定不扣工资的；（3）累计工作满1年不满10年的职工，请病假累计2个月以上的；（4）累计工作满10年不满20年的职工，请病假累计3个月以上的；（5）累计工作满20年以上的职工，请病假累计4个月以上的。

[探亲假及待遇]

工作满1年的公务员，与配偶不住在一起，又不能在公休假日团聚的，每年可以享受30天的探亲假一次；与父母亲双方都不住在一起，且又不能在公休假日团聚的，未婚的每年可以享受20天的探亲假期，两年休一次的，假期为45天，已婚的每四年享受一次20天的假期。公休假日、法定节日均计入假期内。假期内发放本人的标准工资，探望配偶以及未婚职工探望父母的往返路费由单位负担，已婚职工探望父母的往返路费在本人月标准工资的30%以内由本人自理，超出部分由单位负担。

[病假待遇]

公务员病假在2个月以内的，发给原工资；超过2个月不满6个月的，从第3个月起，工作年限不满10年的发给本人工资的90%、工作满10年的工资照发；超过6个月的从第7个月起，工作年限不满10年的发给本人工资的70%、工作年限满

10 年的和 10 年以上的，发给本人工资的 80%。公务员在病假期间，不享受出勤补贴。公务员因公负伤按国家公伤有关政策办理。

[婚丧假及待遇]

公务员本人结婚或职工的直系亲属（父母、配偶和子女）死亡时可享受 1~3 天的婚丧假。职工结婚时双方不在一地工作的；在外地的直系亲属死亡时需要本人去外地料理丧事的，可以根据路程远近，另给予路程假。在批准的婚丧假和路程假期间，职工的工资照发。途中的车船费等，全部由职工自理。

[产假及待遇]

女职工生育享受 98 天产假，其中产前可以休假 15 天；难产的，增加产假 15 天；生育多胞胎的，每多生育 1 个婴儿，增加产假 15 天。女职工怀孕未满 4 个月流产的，享受 15 天产假；怀孕满 4 个月流产的，享受 42 天产假。女职工产假期间的生育津贴，对已经参加生育保险的，按照用人单位上年度职工月平均工资的标准由生育保险基金支付；对未参加生育保险的，按照女职工产假前工资的标准由用人单位支付。女职工生育或者流产的医疗费用，按照生育保险规定的项目和标准，对已经参加生育保险的，由生育保险基金支付；对未参加生育保险的，由用人单位支付。

[加班补助]

此次公务员法修改增加了公务员非工作日工作，不能补休的应该给予补助。具体标准可能会视地域和工作种类来确定。这一规定是对公务员劳动报酬权的尊重。

▶条文参见

《国务院关于职工探亲待遇的规定》；《国家机关工作人员病假期间生活待遇的规定》；《国务院关于职工工作时间的规定》；《职工带薪年休假条例》；《全国年节及纪念日放假办法》；《女职工劳动保护特别规定》

第八十三条 保险和抚恤优待

公务员依法参加社会保险，按照国家规定享受保险待遇。

公务员因公牺牲或者病故的，其亲属享受国家规定的抚恤和优待。

第八十四条 工资福利保险待遇的法律保障

任何机关不得违反国家规定自行更改公务员工资、福利、保险政策，擅自提高或者降低公务员的工资、福利、保险待遇。任何机关不得扣减或者拖欠公务员的工资。

▶**条文参见**

本法第 106 条第 4 项

第十三章 辞职与辞退

第八十五条 辞职程序

公务员辞去公职，应当向任免机关提出书面申请。任免机关应当自接到申请之日起三十日内予以审批，其中对领导成员辞去公职的申请，应当自接到申请之日起九十日内予以审批。

第八十六条 不得辞职的情形

公务员有下列情形之一的，不得辞去公职：

（一）未满国家规定的最低服务年限的；

（二）在涉及国家秘密等特殊职位任职或者离开上述职位不满国家规定的脱密期限的；

（三）重要公务尚未处理完毕，且须由本人继续处理的；

（四）正在接受审计、纪律审查、监察调查，或者涉嫌犯罪，司法程序尚未终结的；

（五）法律、行政法规规定的其他不得辞去公职的情形。

第八十七条　领导成员的辞职

担任领导职务的公务员，因工作变动依照法律规定需要辞去现任职务的，应当履行辞职手续。

担任领导职务的公务员，因个人或者其他原因，可以自愿提出辞去领导职务。

领导成员因工作严重失误、失职造成重大损失或者恶劣社会影响的，或者对重大事故负有领导责任的，应当引咎辞去领导职务。

领导成员因其他原因不再适合担任现任领导职务的，或者应当引咎辞职本人不提出辞职的，应当责令其辞去领导职务。

第八十八条　应予辞退的情形

公务员有下列情形之一的，予以辞退：

（一）在年度考核中，连续两年被确定为不称职的；

（二）不胜任现职工作，又不接受其他安排的；

（三）因所在机关调整、撤销、合并或者缩减编制员额需要调整工作，本人拒绝合理安排的；

（四）不履行公务员义务，不遵守法律和公务员纪律，经教育仍无转变，不适合继续在机关工作，又不宜给予开除处分的；

（五）旷工或者因公外出、请假期满无正当理由逾期不归连续超过十五天，或者一年内累计超过三十天的。

▶条文参见

《公务员辞退规定》第5-6条

第八十九条 不得辞退的情形

对有下列情形之一的公务员，不得辞退：

（一）因公致残，被确认丧失或者部分丧失工作能力的；

（二）患病或者负伤，在规定的医疗期内的；

（三）女性公务员在孕期、产假、哺乳期内的；

（四）法律、行政法规规定的其他不得辞退的情形。

▶条文参见

《公务员辞退规定》第7条

第九十条 辞退程序及待遇

辞退公务员，按照管理权限决定。辞退决定应当以书面形式通知被辞退的公务员，并应当告知辞退依据和理由。

被辞退的公务员，可以领取辞退费或者根据国家有关规定享受失业保险。

▶理解与适用

辞退公务员是国家机关的一项权利，但处理不好，会侵害公务员的合法权益。因此，必须严格按照法定的程序进行：所在单位在核准事实的基础上，提出建议并填写《辞退公务员审批表》报任免机关；任免机关组织人事部门审核；任免机关审批。作出辞退决定的，以书面形式通知呈报单位和被辞退的公务员，同时抄送同级公务员主管部门备案。县级以下机关辞退公务员，由县级公务员主管部门审核并报县级党委或者人民政府批准后作出决定。《辞退公务员审批表》和辞退决定等存入本人档案。任免机关根据有关规定可以直接作出辞退决定。《辞退公务员通知书》应当直接送达被辞退公务员本人。

公务员对辞退决定不服的，可以按照规定申请复核或者提出申诉。复核、申诉期间不停止辞退决定的执行。

被辞退的公务员，可以领取辞退费或者根据国家有关规定享受失业保险，其他社会保险按照有关规定执行。辞退公务员所需经费，应当列入财政预算，予以保障。

▶条文参见

《公务员辞退规定》第5-12条

第九十一条　离职前的义务

公务员辞职或者被辞退，离职前应当办理公务交接手续，必要时按照规定接受审计。

第十四章　退　　休

第九十二条　退休条件

公务员达到国家规定的退休年龄或者完全丧失工作能力的，应当退休。

第九十三条　提前退休的条件

公务员符合下列条件之一的，本人自愿提出申请，经任免机关批准，可以提前退休：

（一）工作年限满三十年的；

（二）距国家规定的退休年龄不足五年，且工作年限满二十年的；

（三）符合国家规定的可以提前退休的其他情形的。

▶理解与适用

工作满三十年的，可以申请提前退休，本条第3项也指明，符合国家规定的可以提前退休的其他情形也可申请提前退休，这种情况一般是指特殊岗位的公务员，由于其岗位特殊的工作条件，为保护其健康，国家允许其提前退休。

第九十四条 退休待遇

公务员退休后，享受国家规定的养老金和其他待遇，国家为其生活和健康提供必要的服务和帮助，鼓励发挥个人专长，参与社会发展。

▶理解与适用

1. 对国家公务员退休后的待遇根据国家有关规定主要包括三部分：

（1）退休金。关于退休金的发放，我国自1951年实行退休制度以来，一直是从组织正式批准某人退休之日起，按月发放退休金，直到本人去世为止。

（2）其他待遇。包括政治待遇和国家为保障退休公务员晚年生活所提供的待遇。政治待遇是指离、退休人员的社会、政治地位和应享有的各种政治权利。也就是说，公务员离、退休后，可以享受与在职干部一样的各种社会、政治待遇。如可继续参加其专门管理机构组织的政治学习、党员的组织生活以及其他有益于身心健康的文体活动。国家保障退休公务员晚年生活所提供的待遇，如公费医疗、住房补贴、取暖费、物业管理费的支出以及交通费等项物质待遇。

此外，根据本条的规定，国家要积极采取措施，为退休公务员的生活和健康提供必要的服务和帮助，如医疗服务、创建老年人活动场所、专门组织旅游考察、举办书画展览、筹办公益事业等，鼓励退休公务员发挥个人专长，参与社会发展，发挥余热。

2. 对于国家公务员退休后，犯有危害国家安全、荣誉和利益，以及泄密，贪污、贿赂等严重违纪行为，但尚不够给予行政处罚或者刑事处罚的，根据其所犯错误，比照应受到的行政处分的种类，按以下办法作出行政处理决定：（1）当给予记过或者记大过处分的，按照每两年一次增加退休费的标准，降低其基本退休金。（2）当给予降级以上处分的，按照每两年一次增加退休费的标准，降低其基本退休金，再以降低后的基本退休金为基数，按下列不同比例监发基本退休金：①应当给予降级处分的，减发其基本退休金的5%；②应当给予撤职处分的，减发其基本退休金的10%，并按撤职处分相应降低其政治待遇和生活待遇；③应当给予开除处分的，减发其基本退休金的15%，并按降低三职以上职务，降低其政治待遇和生活待遇。其因违反行政纪律取得的财物，依法应当没收、追缴或者责令退赔。

退休的国家公务员在任职期间或者退休后触犯刑律，被依法判处有期徒刑以上刑罚的，自判决生效之日的下月起取消其退休金和其他退休待遇。

▶条文参见

《关于印发〈关于机关、事业单位工资制度改革实施中若干问题的规定〉的通知》；《关于机关、事业单位离退休人员增加离退休费的通知》；《关于增加机关、事业单位离退休人员离退休费的实施方案》；《关于2003年7月1日调整机关事业单位工作人员工资标准和增加离退休人员离退休费三个实施方案的通知》；《监察部关于对犯错误的已退休国家公务员追究行政纪律责任若干问题的通知》

第十五章　申诉与控告

第九十五条　申请复核权和申诉权

公务员对涉及本人的下列人事处理不服的，可以自知道该人事处理之日起三十日内向原处理机关申请复核；对复核结果不服的，可以自接到复核决定之日起十五日内，按照规定向同级公务员主管部门或者作出该人事处理的机关的上一级机关提出申诉；也可以不经复核，自知道该人事处理之日起三十日内直接提出申诉：

（一）处分；

（二）辞退或者取消录用；

（三）降职；

（四）定期考核定为不称职；

（五）免职；

（六）申请辞职、提前退休未予批准；

（七）不按照规定确定或者扣减工资、福利、保险待遇；

（八）法律、法规规定可以申诉的其他情形。

对省级以下机关作出的申诉处理决定不服的，可以向作出处理决定的上一级机关提出再申诉。

受理公务员申诉的机关应当组成公务员申诉公正委员会，负责受理和审理公务员的申诉案件。

公务员对监察机关作出的涉及本人的处理决定不服向监察机关申请复审、复核的，按照有关规定办理。

▶理解与适用

根据《监察法》第56条的规定，公务员对监察机关作出的涉及本人的处理决定不服的，可以在收到处理决定之日起1个月内，向作出决定的监察机关申请复审，复审机关应当在1个月内作出复审决定；对复审决定仍不服的，可以在收到复审决定之日起1个月内，向上一级监察机关申请复核，复核机关应当在2个月内作出复核决定。复审、复核期间，不停止原处理决定的执行。复核机关经审查，认定处理决定有错误的，原处理机关应当及时予以纠正。

▶条文参见

《公务员申诉规定》第三章；《监察法》第56条

第九十六条 复核申请、申诉的处理期限

原处理机关应当自接到复核申请书后的三十日内作出复核决定，并以书面形式告知申请人。受理公务员申诉的机关应当自受理之日起六十日内作出处理决定；案情复杂的，可以适当延长，但是延长时间不得超过三十日。

复核、申诉期间不停止人事处理的执行。

公务员不因申请复核、提出申诉而被加重处理。

▶条文参见

《公务员申诉规定》第四章

第九十七条 错误处理的纠正

公务员申诉的受理机关审查认定人事处理有错误的，原处理机关应当及时予以纠正。

第九十八条 对侵权行为的控告

公务员认为机关及其领导人员侵犯其合法权益的，可以依法向上级机关或者监察机关提出控告。受理控告的机关应当按照规定及时处理。

第九十九条 对申诉、控告的限制

公务员提出申诉、控告，应当尊重事实，不得捏造事实，诬告、陷害他人。对捏造事实，诬告、陷害他人的，依法追究法律责任。

▶理解与适用

公务员在申诉、复核中弄虚作假、捏造事实、诬陷他人的，根据情节轻重，给予批评教育或处分；给他人造成名誉损害的，应赔礼道歉、恢复名誉、消除影响；构成犯罪的，根据《刑

法》第243条规定，捏造事实诬告陷害他人，意图使他人受刑事追究，情节严重的，处三年以下有期徒刑、拘役或者管制；造成严重后果的，处三年以上十年以下有期徒刑。国家机关工作人员犯此罪的，从重处罚。

▶条文参见

《刑法》第243条；《公务员申诉规定》第40条

第十六章 职位聘任

第一百条 聘任条件

机关根据工作需要，经省级以上公务员主管部门批准，可以对专业性较强的职位和辅助性职位实行聘任制。

前款所列职位涉及国家秘密的，不实行聘任制。

▶理解与适用

聘任制主要适用于专业性较强的职位和辅助性职位两类。其中专业性职位要求具备经过一定时间的专门学习才能掌握的专门知识、专业技能，其对人员专业技术知识的要求很高，而且机关的优质高效运行离不开这些工作。它既有领导职位也有非领导职位，且主要集中在金融、财会、法律、信息技术等方面。辅助性职位的特点是事务性强，在机关工作中处于辅助地位，如书记员、资料管理、文件分发、数据录入等方面的职位。这些工作的社会通用性也较强，如果实行聘任制，使其与人才市场相衔接，能有效降低用人成本，提高效率。但是在前述职位中，如涉及国家秘密的，不实行聘任制。

第一百零一条 聘任方式

机关聘任公务员可以参照公务员考试录用的程序进行公开招聘，也可以从符合条件的人员中直接选聘。

机关聘任公务员应当在规定的编制限额和工资经费限额内进行。

第一百零二条 聘任合同

机关聘任公务员，应当按照平等自愿、协商一致的原则，签订书面的聘任合同，确定机关与所聘公务员双方的权利、义务。聘任合同经双方协商一致可以变更或者解除。

聘任合同的签订、变更或者解除，应当报同级公务员主管部门备案。

第一百零三条 聘任合同内容

聘任合同应当具备合同期限，职位及其职责要求，工资、福利、保险待遇，违约责任等条款。

聘任合同期限为一年至五年。聘任合同可以约定试用期，试用期为一个月至十二个月。

聘任制公务员实行协议工资制，具体办法由中央公务员主管部门规定。

第一百零四条 聘任公务员管理依据

机关依据本法和聘任合同对所聘公务员进行管理。

▶理解与适用

聘任制公务员要按照公务员法和聘任合同进行管理。不实行公务员法有关录用、职务任免、职务升降、交流、辞退、申诉和工资福利等规定，其聘任年限、职位职责要求，工资、福利、保险待遇，违约责任以及聘任合同变更、解除、终止的条件由聘任合同规定。

第一百零五条　人事争议仲裁

聘任制公务员与所在机关之间因履行聘任合同发生争议的，可以自争议发生之日起六十日内申请仲裁。

省级以上公务员主管部门根据需要设立人事争议仲裁委员会，受理仲裁申请。人事争议仲裁委员会由公务员主管部门的代表、聘用机关的代表、聘任制公务员的代表以及法律专家组成。

当事人对仲裁裁决不服的，可以自接到仲裁裁决书之日起十五日内向人民法院提起诉讼。仲裁裁决生效后，一方当事人不履行的，另一方当事人可以申请人民法院执行。

▶理解与适用

人事争议仲裁制度作为一项具有中国特色的权益救济制度，是应建立社会主义市场经济体制和深化人事制度改革的需要而建立起来的。

人事争议仲裁的受案范围为：(1) 实施公务员法的机关与聘任制公务员之间、参照《公务员法》管理的机关（单位）与聘任工作人员之间因履行聘任合同发生的争议；(2) 事业单位与工作人员之间因解除人事关系、履行聘用合同发生的争议；(3) 社团组织与工作人员之间因解除人事关系、履行聘用合同发生的争议；(4) 军队聘用单位与文职人员之间因履行聘用合同发生的争议；(5) 依照法律、法规规定可以仲裁的其他人事争议。

人事争议仲裁是司法的前置程序。人事争议案件经仲裁机构作出裁决后，当事人不服裁决的可以在规定的期限内向人民法院提起诉讼。对生效的仲裁调解书或裁决书，一方当事人在规定期限内不履行的，另一方当事人可以向人民法院申请强制执行。

▶条文参见

《人事争议处理规定》

第十七章　法律责任

第一百零六条　违反本法规定的行为及法律责任

对有下列违反本法规定情形的，由县级以上领导机关或者公务员主管部门按照管理权限，区别不同情况，分别予以责令纠正或者宣布无效；对负有责任的领导人员和直接责任人员，根据情节轻重，给予批评教育、责令检查、诫勉、组织调整、处分；构成犯罪的，依法追究刑事责任：

（一）不按照编制限额、职数或者任职资格条件进行公务员录用、调任、转任、聘任和晋升的；

（二）不按照规定条件进行公务员奖惩、回避和办理退休的；

（三）不按照规定程序进行公务员录用、调任、转任、聘任、晋升以及考核、奖惩的；

（四）违反国家规定，更改公务员工资、福利、保险待遇标准的；

（五）在录用、公开遴选等工作中发生泄露试题、违反考场纪律以及其他严重影响公开、公正行为的；

（六）不按照规定受理和处理公务员申诉、控告的；

（七）违反本法规定的其他情形的。

第一百零七条　离职后的执业禁止

公务员辞去公职或者退休的，原系领导成员、县处级以上领导职务的公务员在离职三年内，其他公务员在离职两年内，不得到与原工作业务直接相关的企业或者其他营利性组织任职，不得从事与原工作业务直接相关的营利性活动。

公务员辞去公职或者退休后有违反前款规定行为的，由其原所在机关的同级公务员主管部门责令限期改正；逾期不改正的，由县级以上市场监管部门没收该人员从业期间的违法所得，责令接收单位将该人员予以清退，并根据情节轻重，对接收单位处以被处罚人员违法所得一倍以上五倍以下的罚款。

第一百零八条　公务员主管部门工作人员违反规定的处理

公务员主管部门的工作人员，违反本法规定，滥用职权、玩忽职守、徇私舞弊，构成犯罪的，依法追究刑事责任；尚不构成犯罪的，给予处分或者由监察机关依法给予政务处分。

▶条文参见

《刑法》第八、九章

第一百零九条　公务员录用、聘任工作中违反规定的处理

在公务员录用、聘任等工作中，有隐瞒真实信息、弄虚作假、考试作弊、扰乱考试秩序等行为的，由公务员主管部门根据情节作出考试成绩无效、取消资格、限制报考等处理；情节严重的，依法追究法律责任。

第一百一十条　机关对公务员造成损害的责任承担

机关因错误的人事处理对公务员造成名誉损害的，应当赔礼道歉、恢复名誉、消除影响；造成经济损失的，应当依法给予赔偿。

第十八章　附　　则

第一百一十一条　领导成员的定义

本法所称领导成员，是指机关的领导人员，不包括机关内设机构担任领导职务的人员。

第一百一十二条　参照本法管理的其他人员

法律、法规授权的具有公共事务管理职能的事业单位中除工勤人员以外的工作人员，经批准参照本法进行管理。

▶理解与适用

申请参照公务员管理的事业单位，应当提交以下材料：(1) 申请参照管理的请示；(2) 获得法律法规授权履行公共事务管理职能的依据；(3) 设立机构的批准文件；(4) 单位现有人员的基本情况；(5) 审批机关要求的其他材料。

参照管理的单位，不实行事业单位的专业技术职务、工资、奖金等人事管理制度。

已列入参照管理的单位，因法律法规的变更，不具有公共事务管理职能时，不再实行参照管理。

▶条文参见

《参照〈中华人民共和国公务员法〉管理的单位审批办法》

第一百一十三条　实施日期

本法自 2019 年 6 月 1 日起施行。

中华人民共和国监察法

（2018年3月20日第十三届全国人民代表大会第一次会议通过　根据2024年12月25日第十四届全国人民代表大会常务委员会第十三次会议《关于修改〈中华人民共和国监察法〉的决定》修正）

第一章　总　则

第一条　为了深入开展廉政建设和反腐败工作，加强对所有行使公权力的公职人员的监督，实现国家监察全面覆盖，持续深化国家监察体制改革，推进国家治理体系和治理能力现代化，根据宪法，制定本法。

第二条　坚持中国共产党对国家监察工作的领导，以马克思列宁主义、毛泽东思想、邓小平理论、“三个代表”重要思想、科学发展观、习近平新时代中国特色社会主义思想为指导，构建集中统一、权威高效的中国特色国家监察体制。

第三条　各级监察委员会是行使国家监察职能的专责机关，依照本法对所有行使公权力的公职人员（以下称公职人员）进行监察，调查职务违法和职务犯罪，开展廉政建设和反腐败工作，维护宪法和法律的尊严。

第四条　监察委员会依照法律规定独立行使监察权，不受行政机关、社会团体和个人的干涉。

监察机关办理职务违法和职务犯罪案件，应当与审判机关、检察机关、执法部门互相配合，互相制约。

监察机关在工作中需要协助的，有关机关和单位应当根据监察机关的要求依法予以协助。

第五条　国家监察工作严格遵照宪法和法律，以事实为根据，以法律为准绳；权责对等，严格监督；遵守法定程序，公正履行职责；

尊重和保障人权，在适用法律上一律平等，保障监察对象及相关人员的合法权益；惩戒与教育相结合，宽严相济。

第六条 国家监察工作坚持标本兼治、综合治理，强化监督问责，严厉惩治腐败；深化改革、健全法治，有效制约和监督权力；加强法治教育和道德教育，弘扬中华优秀传统文化，构建不敢腐、不能腐、不想腐的长效机制。

第二章 监察机关及其职责

第七条 中华人民共和国国家监察委员会是最高监察机关。

省、自治区、直辖市、自治州、县、自治县、市、市辖区设立监察委员会。

第八条 国家监察委员会由全国人民代表大会产生，负责全国监察工作。

国家监察委员会由主任、副主任若干人、委员若干人组成，主任由全国人民代表大会选举，副主任、委员由国家监察委员会主任提请全国人民代表大会常务委员会任免。

国家监察委员会主任每届任期同全国人民代表大会每届任期相同，连续任职不得超过两届。

国家监察委员会对全国人民代表大会及其常务委员会负责，并接受其监督。

第九条 地方各级监察委员会由本级人民代表大会产生，负责本行政区域内的监察工作。

地方各级监察委员会由主任、副主任若干人、委员若干人组成，主任由本级人民代表大会选举，副主任、委员由监察委员会主任提请本级人民代表大会常务委员会任免。

地方各级监察委员会主任每届任期同本级人民代表大会每届任期相同。

地方各级监察委员会对本级人民代表大会及其常务委员会和上一级监察委员会负责，并接受其监督。

第十条 国家监察委员会领导地方各级监察委员会的工作，上级监察委员会领导下级监察委员会的工作。

第十一条 监察委员会依照本法和有关法律规定履行监督、调查、处置职责：

（一）对公职人员开展廉政教育，对其依法履职、秉公用权、廉洁从政从业以及道德操守情况进行监督检查；

（二）对涉嫌贪污贿赂、滥用职权、玩忽职守、权力寻租、利益输送、徇私舞弊以及浪费国家资财等职务违法和职务犯罪进行调查；

（三）对违法的公职人员依法作出政务处分决定；对履行职责不力、失职失责的领导人员进行问责；对涉嫌职务犯罪的，将调查结果移送人民检察院依法审查、提起公诉；向监察对象所在单位提出监察建议。

第十二条 各级监察委员会可以向本级中国共产党机关、国家机关、中国人民政治协商会议委员会机关、法律法规授权或者委托管理公共事务的组织和单位以及辖区内特定区域、国有企业、事业单位等派驻或者派出监察机构、监察专员。

经国家监察委员会批准，国家监察委员会派驻本级实行垂直管理或者双重领导并以上级单位领导为主的单位、国有企业的监察机构、监察专员，可以向驻在单位的下一级单位再派出。

经国家监察委员会批准，国家监察委员会派驻监察机构、监察专员，可以向驻在单位管理领导班子的普通高等学校再派出；国家监察委员会派驻国务院国有资产监督管理机构的监察机构，可以向驻在单位管理领导班子的国有企业再派出。

监察机构、监察专员对派驻或者派出它的监察委员会或者监察机构、监察专员负责。

第十三条 派驻或者派出的监察机构、监察专员根据授权，按照管理权限依法对公职人员进行监督，提出监察建议，依法对公职人员进行调查、处置。

第十四条 国家实行监察官制度，依法确定监察官的等级设置、任免、考评和晋升等制度。

第三章 监察范围和管辖

第十五条 监察机关对下列公职人员和有关人员进行监察：

（一）中国共产党机关、人民代表大会及其常务委员会机关、人民政府、监察委员会、人民法院、人民检察院、中国人民政治协商会议各级委员会机关、民主党派机关和工商业联合会机关的公务员，以及参照《中华人民共和国公务员法》管理的人员；

（二）法律、法规授权或者受国家机关依法委托管理公共事务的组织中从事公务的人员；

（三）国有企业管理人员；

（四）公办的教育、科研、文化、医疗卫生、体育等单位中从事管理的人员；

（五）基层群众性自治组织中从事管理的人员；

（六）其他依法履行公职的人员。

第十六条 各级监察机关按照管理权限管辖本辖区内本法第十五条规定的人员所涉监察事项。

上级监察机关可以办理下一级监察机关管辖范围内的监察事项，必要时也可以办理所辖各级监察机关管辖范围内的监察事项。

监察机关之间对监察事项的管辖有争议的，由其共同的上级监察机关确定。

第十七条 上级监察机关可以将其所管辖的监察事项指定下级监察机关管辖，也可以将下级监察机关有管辖权的监察事项指定给其他监察机关管辖。

监察机关认为所管辖的监察事项重大、复杂，需要由上级监察机关管辖的，可以报请上级监察机关管辖。

第四章 监察权限

第十八条 监察机关行使监督、调查职权，有权依法向有关单位和个人了解情况，收集、调取证据。有关单位和个人应当如实提供。

监察机关及其工作人员对监督、调查过程中知悉的国家秘密、工作秘密、商业秘密、个人隐私和个人信息，应当保密。

任何单位和个人不得伪造、隐匿或者毁灭证据。

第十九条 对可能发生职务违法的监察对象，监察机关按照管理权限，可以直接或者委托有关机关、人员进行谈话，或者进行函询，要求说明情况。

第二十条 在调查过程中，对涉嫌职务违法的被调查人，监察机关可以进行谈话，要求其就涉嫌违法行为作出陈述，必要时向被调查人出具书面通知。

对涉嫌贪污贿赂、失职渎职等职务犯罪的被调查人，监察机关可以进行讯问，要求其如实供述涉嫌犯罪的情况。

第二十一条 监察机关根据案件情况，经依法审批，可以强制涉嫌严重职务违法或者职务犯罪的被调查人到案接受调查。

第二十二条 在调查过程中，监察机关可以询问证人等人员。

第二十三条 被调查人涉嫌严重职务违法或者职务犯罪，并有下列情形之一的，经监察机关依法审批，可以对其采取责令候查措施：

（一）不具有本法第二十四条第一款所列情形的；

（二）符合留置条件，但患有严重疾病、生活不能自理的，系怀孕或者正在哺乳自己婴儿的妇女，或者生活不能自理的人的唯一扶养人；

（三）案件尚未办结，但留置期限届满或者对被留置人员不需要继续采取留置措施的；

（四）符合留置条件，但因为案件的特殊情况或者办理案件的需要，采取责令候查措施更为适宜的。

被责令候查人员应当遵守以下规定：

（一）未经监察机关批准不得离开所居住的直辖市、设区的市的城市市区或者不设区的市、县的辖区；

（二）住址、工作单位和联系方式发生变动的，在二十四小时以内向监察机关报告；

（三）在接到通知的时候及时到案接受调查；

（四）不得以任何形式干扰证人作证；

（五）不得串供或者伪造、隐匿、毁灭证据。

被责令候查人员违反前款规定，情节严重的，可以依法予以留置。

第二十四条 被调查人涉嫌贪污贿赂、失职渎职等严重职务违法或者职务犯罪，监察机关已经掌握其部分违法犯罪事实及证据，仍有重要问题需要进一步调查，并有下列情形之一的，经监察机关依法审批，可以将其留置在特定场所：

（一）涉及案情重大、复杂的；

（二）可能逃跑、自杀的；

（三）可能串供或者伪造、隐匿、毁灭证据的；

（四）可能有其他妨碍调查行为的。

对涉嫌行贿犯罪或者共同职务犯罪的涉案人员，监察机关可以依照前款规定采取留置措施。

留置场所的设置、管理和监督依照国家有关规定执行。

第二十五条 对于未被留置的下列人员，监察机关发现存在逃跑、自杀等重大安全风险的，经依法审批，可以进行管护：

（一）涉嫌严重职务违法或者职务犯罪的自动投案人员；

（二）在接受谈话、函询、询问过程中，交代涉嫌严重职务违法或者职务犯罪问题的人员；

（三）在接受讯问过程中，主动交代涉嫌重大职务犯罪问题的人员。

采取管护措施后，应当立即将被管护人员送留置场所，至迟不得超过二十四小时。

第二十六条 监察机关调查涉嫌贪污贿赂、失职渎职等严重职务违法或者职务犯罪，根据工作需要，可以依照规定查询、冻结涉案单位和个人的存款、汇款、债券、股票、基金份额等财产。有关单位和个人应当配合。

冻结的财产经查明与案件无关的，应当在查明后三日内解除冻结，予以退还。

第二十七条 监察机关可以对涉嫌职务犯罪的被调查人以及可能隐藏被调查人或者犯罪证据的人的身体、物品、住处和其他有关地方进行搜查。在搜查时，应当出示搜查证，并有被搜查人或者其家属等见证人在场。

搜查女性身体，应当由女性工作人员进行。

监察机关进行搜查时，可以根据工作需要提请公安机关配合。公安机关应当依法予以协助。

第二十八条 监察机关在调查过程中，可以调取、查封、扣押用以证明被调查人涉嫌违法犯罪的财物、文件和电子数据等信息。采取调取、查封、扣押措施，应当收集原物原件，会同持有人或者保管人、见证人，当面逐一拍照、登记、编号，开列清单，由在场人员当场核对、签名，并将清单副本交财物、文件的持有人或者保管人。

对调取、查封、扣押的财物、文件，监察机关应当设立专用账户、专门场所，确定专门人员妥善保管，严格履行交接、调取手续，定期对账核实，不得毁损或者用于其他目的。对价值不明物品应当及时鉴定，专门封存保管。

查封、扣押的财物、文件经查明与案件无关的，应当在查明后三日内解除查封、扣押，予以退还。

第二十九条 监察机关在调查过程中，可以直接或者指派、聘请具有专门知识的人在调查人员主持下进行勘验检查。勘验检查情况应当制作笔录，由参加勘验检查的人员和见证人签名或者盖章。

必要时，监察机关可以进行调查实验。调查实验情况应当制作笔录，由参加实验的人员签名或者盖章。

第三十条 监察机关在调查过程中，对于案件中的专门性问题，可以指派、聘请有专门知识的人进行鉴定。鉴定人进行鉴定后，应当出具鉴定意见，并且签名。

第三十一条 监察机关调查涉嫌重大贪污贿赂等职务犯罪，根据需要，经过严格的批准手续，可以采取技术调查措施，按照规定交有关机关执行。

批准决定应当明确采取技术调查措施的种类和适用对象，自签发之日起三个月以内有效；对于复杂、疑难案件，期限届满仍有必要继续采取技术调查措施的，经过批准，有效期可以延长，每次不得超过三个月。对于不需要继续采取技术调查措施的，应当及时解除。

第三十二条 依法应当留置的被调查人如果在逃，监察机关可以决定在本行政区域内通缉，由公安机关发布通缉令，追捕归案。通缉范围超出本行政区域的，应当报请有权决定的上级监察机关决定。

第三十三条 监察机关为防止被调查人及相关人员逃匿境外，经省级以上监察机关批准，可以对被调查人及相关人员采取限制出境措施，由公安机关依法执行。对于不需要继续采取限制出境措施的，应当及时解除。

第三十四条 涉嫌职务犯罪的被调查人主动认罪认罚，有下列情形之一的，监察机关经领导人员集体研究，并报上一级监察机关批准，可以在移送人民检察院时提出从宽处罚的建议：

（一）自动投案，真诚悔罪悔过的；

（二）积极配合调查工作，如实供述监察机关还未掌握的违法犯罪行为的；

（三）积极退赃，减少损失的；

（四）具有重大立功表现或者案件涉及国家重大利益等情形的。

第三十五条 职务违法犯罪的涉案人员揭发有关被调查人职务违法犯罪行为，查证属实的，或者提供重要线索，有助于调查其他案件的，监察机关经领导人员集体研究，并报上一级监察机关批准，可以在移送人民检察院时提出从宽处罚的建议。

第三十六条 监察机关依照本法规定收集的物证、书证、证人证言、被调查人供述和辩解、视听资料、电子数据等证据材料，在刑事诉讼中可以作为证据使用。

监察机关在收集、固定、审查、运用证据时，应当与刑事审判关于证据的要求和标准相一致。

以非法方法收集的证据应当依法予以排除，不得作为案件处置的依据。

第三十七条 人民法院、人民检察院、公安机关、审计机关等国家机关在工作中发现公职人员涉嫌贪污贿赂、失职渎职等职务违法或者职务犯罪的问题线索，应当移送监察机关，由监察机关依法调查处置。

被调查人既涉嫌严重职务违法或者职务犯罪，又涉嫌其他违法犯罪的，一般应当由监察机关为主调查，其他机关予以协助。

第五章 监察程序

第三十八条 监察机关对于报案或者举报，应当接受并按照有关规定处理。对于不属于本机关管辖的，应当移送主管机关处理。

第三十九条 监察机关应当严格按照程序开展工作，建立问题线索处置、调查、审理各部门相互协调、相互制约的工作机制。

监察机关应当加强对调查、处置工作全过程的监督管理，设立相应的工作部门履行线索管理、监督检查、督促办理、统计分析等管理协调职能。

第四十条 监察机关对监察对象的问题线索，应当按照有关规定提出处置意见，履行审批手续，进行分类办理。线索处置情况应当定期汇总、通报，定期检查、抽查。

第四十一条 需要采取初步核实方式处置问题线索的，监察机关应当依法履行审批程序，成立核查组。初步核实工作结束后，核查组应当撰写初步核实情况报告，提出处理建议。承办部门应当提出分类处理意见。初步核实情况报告和分类处理意见报监察机关主要负责人审批。

第四十二条 经过初步核实，对监察对象涉嫌职务违法犯罪，需要追究法律责任的，监察机关应当按照规定的权限和程序办理立案手续。

监察机关主要负责人依法批准立案后，应当主持召开专题会议，研究确定调查方案，决定需要采取的调查措施。

立案调查决定应当向被调查人宣布，并通报相关组织。涉嫌严重职务违法或者职务犯罪的，应当通知被调查人家属，并向社会公开发布。

第四十三条 监察机关对职务违法和职务犯罪案件，应当进行调查，收集被调查人有无违法犯罪以及情节轻重的证据，查明违法犯罪事实，形成相互印证、完整稳定的证据链。

调查人员应当依法文明规范开展调查工作。严禁以暴力、威胁、引诱、欺骗及其他非法方式收集证据，严禁侮辱、打骂、虐待、体罚或者变相体罚被调查人和涉案人员。

监察机关及其工作人员在履行职责过程中应当依法保护企业产权和自主经营权，严禁利用职权非法干扰企业生产经营。需要企业经营者协助调查的，应当保障其人身权利、财产权利和其他合法权益，避免或者尽量减少对企业正常生产经营活动的影响。

第四十四条 调查人员采取讯问、询问、强制到案、责令候查、管护、留置、搜查、调取、查封、扣押、勘验检查等调查措施，均应当依照规定出示证件，出具书面通知，由二人以上进行，形成笔录、报告等书面材料，并由相关人员签名、盖章。

调查人员进行讯问以及搜查、查封、扣押等重要取证工作，应当对全过程进行录音录像，留存备查。

第四十五条　调查人员应当严格执行调查方案，不得随意扩大调查范围、变更调查对象和事项。

对调查过程中的重要事项，应当集体研究后按程序请示报告。

第四十六条　采取强制到案、责令候查或者管护措施，应当按照规定的权限和程序，经监察机关主要负责人批准。

强制到案持续的时间不得超过十二小时；需要采取管护或者留置措施的，强制到案持续的时间不得超过二十四小时。不得以连续强制到案的方式变相拘禁被调查人。

责令候查最长不得超过十二个月。

监察机关采取管护措施的，应当在七日以内依法作出留置或者解除管护的决定，特殊情况下可以延长一日至三日。

第四十七条　监察机关采取留置措施，应当由监察机关领导人员集体研究决定。设区的市级以下监察机关采取留置措施，应当报上一级监察机关批准。省级监察机关采取留置措施，应当报国家监察委员会备案。

第四十八条　留置时间不得超过三个月。在特殊情况下，可以延长一次，延长时间不得超过三个月。省级以下监察机关采取留置措施的，延长留置时间应当报上一级监察机关批准。监察机关发现采取留置措施不当或者不需要继续采取留置措施的，应当及时解除或者变更为责令候查措施。

对涉嫌职务犯罪的被调查人可能判处十年有期徒刑以上刑罚，监察机关依照前款规定延长期限届满，仍不能调查终结的，经国家监察委员会批准或者决定，可以再延长二个月。

省级以上监察机关在调查期间，发现涉嫌职务犯罪的被调查人另有与留置时的罪行不同种的重大职务犯罪或者同种的影响罪名认定、量刑档次的重大职务犯罪，经国家监察委员会批准或者决定，自发现之日起依照本条第一款的规定重新计算留置时间。留置时间重新计算以一次为限。

第四十九条　监察机关采取强制到案、责令候查、管护、留置措施，可以根据工作需要提请公安机关配合。公安机关应当依法予以协助。

省级以下监察机关留置场所的看护勤务由公安机关负责，国家监察委员会留置场所的看护勤务由国家另行规定。留置看护队伍的管理依照国家有关规定执行。

第五十条 采取管护或者留置措施后，应当在二十四小时以内，通知被管护人员、被留置人员所在单位和家属，但有可能伪造、隐匿、毁灭证据，干扰证人作证或者串供等有碍调查情形的除外。有碍调查的情形消失后，应当立即通知被管护人员、被留置人员所在单位和家属。解除管护或者留置的，应当及时通知被管护人员、被留置人员所在单位和家属。

被管护人员、被留置人员及其近亲属有权申请变更管护、留置措施。监察机关收到申请后，应当在三日以内作出决定；不同意变更措施的，应当告知申请人，并说明不同意的理由。

监察机关应当保障被强制到案人员、被管护人员以及被留置人员的饮食、休息和安全，提供医疗服务。对其谈话、讯问的，应当合理安排时间和时长，谈话笔录、讯问笔录由被谈话人、被讯问人阅看后签名。

被管护人员、被留置人员涉嫌犯罪移送司法机关后，被依法判处管制、拘役或者有期徒刑的，管护、留置一日折抵管制二日，折抵拘役、有期徒刑一日。

第五十一条 监察机关在调查工作结束后，应当依法对案件事实和证据、性质认定、程序手续、涉案财物等进行全面审理，形成审理报告，提请集体审议。

第五十二条 监察机关根据监督、调查结果，依法作出如下处置：

（一）对有职务违法行为但情节较轻的公职人员，按照管理权限，直接或者委托有关机关、人员，进行谈话提醒、批评教育、责令检查，或者予以诫勉；

（二）对违法的公职人员依照法定程序作出警告、记过、记大过、降级、撤职、开除等政务处分决定；

（三）对不履行或者不正确履行职责负有责任的领导人员，按照管理权限对其直接作出问责决定，或者向有权作出问责决定的机关提出问责建议；

（四）对涉嫌职务犯罪的，监察机关经调查认为犯罪事实清楚，证据确实、充分的，制作起诉意见书，连同案卷材料、证据一并移送人民检察院依法审查、提起公诉；

（五）对监察对象所在单位廉政建设和履行职责存在的问题等提出监察建议。

监察机关经调查，对没有证据证明被调查人存在违法犯罪行为的，应当撤销案件，并通知被调查人所在单位。

第五十三条 监察机关经调查，对违法取得的财物，依法予以没收、追缴或者责令退赔；对涉嫌犯罪取得的财物，应当随案移送人民检察院。

第五十四条 对监察机关移送的案件，人民检察院依照《中华人民共和国刑事诉讼法》对被调查人采取强制措施。

人民检察院经审查，认为犯罪事实已经查清，证据确实、充分，依法应当追究刑事责任的，应当作出起诉决定。

人民检察院经审查，认为需要补充核实的，应当退回监察机关补充调查，必要时可以自行补充侦查。对于补充调查的案件，应当在一个月内补充调查完毕。补充调查以二次为限。

人民检察院对于有《中华人民共和国刑事诉讼法》规定的不起诉的情形的，经上一级人民检察院批准，依法作出不起诉的决定。监察机关认为不起诉的决定有错误的，可以向上一级人民检察院提请复议。

第五十五条 监察机关在调查贪污贿赂、失职渎职等职务犯罪案件过程中，被调查人逃匿或者死亡，有必要继续调查的，应当继续调查并作出结论。被调查人逃匿，在通缉一年后不能到案，或者死亡的，由监察机关提请人民检察院依照法定程序，向人民法院提出没收违法所得的申请。

第五十六条 监察对象对监察机关作出的涉及本人的处理决定不服的，可以在收到处理决定之日起一个月内，向作出决定的监察机关申请复审，复审机关应当在一个月内作出复审决定；监察对象对复审决定仍不服的，可以在收到复审决定之日起一个月内，向上一级监察机关申请复核，复核机关应当在二个月内作出复核决定。复审、复核期间，不停止原处理决定的执行。复核机关经审查，认定处理决定有错误的，原处理机关应当及时予以纠正。

第六章　反腐败国际合作

第五十七条　国家监察委员会统筹协调与其他国家、地区、国际组织开展的反腐败国际交流、合作，组织反腐败国际条约实施工作。

第五十八条　国家监察委员会会同有关单位加强与有关国家、地区、国际组织在反腐败方面开展引渡、移管被判刑人、遣返、联合调查、调查取证、资产追缴和信息交流等执法司法合作和司法协助。

第五十九条　国家监察委员会加强对反腐败国际追逃追赃和防逃工作的组织协调，督促有关单位做好相关工作：

（一）对于重大贪污贿赂、失职渎职等职务犯罪案件，被调查人逃匿到国（境）外，掌握证据比较确凿的，通过开展境外追逃合作，追捕归案；

（二）向赃款赃物所在国请求查询、冻结、扣押、没收、追缴、返还涉案资产；

（三）查询、监控涉嫌职务犯罪的公职人员及其相关人员进出国（境）和跨境资金流动情况，在调查案件过程中设置防逃程序。

第七章　对监察机关和监察人员的监督

第六十条　各级监察委员会应当接受本级人民代表大会及其常务委员会的监督。

各级人民代表大会常务委员会听取和审议本级监察委员会的专项工作报告，组织执法检查。

县级以上各级人民代表大会及其常务委员会举行会议时，人民代表大会代表或者常务委员会组成人员可以依照法律规定的程序，就监察工作中的有关问题提出询问或者质询。

第六十一条　监察机关应当依法公开监察工作信息，接受民主监督、社会监督、舆论监督。

第六十二条　监察机关根据工作需要，可以从各方面代表中聘请特约监察员。特约监察员按照规定对监察机关及其工作人员履行职责情况实行监督。

第六十三条 监察机关通过设立内部专门的监督机构等方式，加强对监察人员执行职务和遵守法律情况的监督，建设忠诚、干净、担当的监察队伍。

第六十四条 监察人员涉嫌严重职务违法或者职务犯罪，为防止造成更为严重的后果或者恶劣影响，监察机关经依法审批，可以对其采取禁闭措施。禁闭的期限不得超过七日。

被禁闭人员应当配合监察机关调查。监察机关经调查发现被禁闭人员符合管护或者留置条件的，可以对其采取管护或者留置措施。

本法第五十条的规定，适用于禁闭措施。

第六十五条 监察人员必须模范遵守宪法和法律，忠于职守、秉公执法，清正廉洁、保守秘密；必须具有良好的政治素质，熟悉监察业务，具备运用法律、法规、政策和调查取证等能力，自觉接受监督。

第六十六条 对于监察人员打听案情、过问案件、说情干预的，办理监察事项的监察人员应当及时报告。有关情况应当登记备案。

发现办理监察事项的监察人员未经批准接触被调查人、涉案人员及其特定关系人，或者存在交往情形的，知情人应当及时报告。有关情况应当登记备案。

第六十七条 办理监察事项的监察人员有下列情形之一的，应当自行回避，监察对象、检举人及其他有关人员也有权要求其回避：

（一）是监察对象或者检举人的近亲属的；

（二）担任过本案的证人的；

（三）本人或者其近亲属与办理的监察事项有利害关系的；

（四）有可能影响监察事项公正处理的其他情形的。

第六十八条 监察机关涉密人员离岗离职后，应当遵守脱密期管理规定，严格履行保密义务，不得泄露相关秘密。

监察人员辞职、退休三年内，不得从事与监察和司法工作相关联且可能发生利益冲突的职业。

第六十九条 监察机关及其工作人员有下列行为之一的，被调查人及其近亲属、利害关系人有权向该机关申诉：

（一）采取强制到案、责令候查、管护、留置或者禁闭措施法定期限届满，不予以解除或者变更的；

（二）查封、扣押、冻结与案件无关或者明显超出涉案范围的财物的；

（三）应当解除查封、扣押、冻结措施而不解除的；

（四）贪污、挪用、私分、调换或者违反规定使用查封、扣押、冻结的财物的；

（五）利用职权非法干扰企业生产经营或者侵害企业经营者人身权利、财产权利和其他合法权益的；

（六）其他违反法律法规、侵害被调查人合法权益的行为。

受理申诉的监察机关应当在受理申诉之日起一个月内作出处理决定。申诉人对处理决定不服的，可以在收到处理决定之日起一个月内向上一级监察机关申请复查，上一级监察机关应当在收到复查申请之日起二个月内作出处理决定，情况属实的，及时予以纠正。

第七十条 对调查工作结束后发现立案依据不充分或者失实，案件处置出现重大失误，监察人员严重违法的，应当追究负有责任的领导人员和直接责任人员的责任。

第八章 法律责任

第七十一条 有关单位拒不执行监察机关作出的处理决定，或者无正当理由拒不采纳监察建议的，由其主管部门、上级机关责令改正，对单位给予通报批评；对负有责任的领导人员和直接责任人员依法给予处理。

第七十二条 有关人员违反本法规定，有下列行为之一的，由其所在单位、主管部门、上级机关或者监察机关责令改正，依法给予处理：

（一）不按要求提供有关材料，拒绝、阻碍调查措施实施等拒不配合监察机关调查的；

（二）提供虚假情况，掩盖事实真相的；

（二）串供或者伪造、隐匿、毁灭证据的；

（四）阻止他人揭发检举、提供证据的；

（五）其他违反本法规定的行为，情节严重的。

第七十三条 监察对象对控告人、检举人、证人或者监察人员进行报复陷害的；控告人、检举人、证人捏造事实诬告陷害监察对象的，依法给予处理。

第七十四条 监察机关及其工作人员有下列行为之一的，对负有责任的领导人员和直接责任人员依法给予处理：

（一）未经批准、授权处置问题线索，发现重大案情隐瞒不报，或者私自留存、处理涉案材料的；

（二）利用职权或者职务上的影响干预调查工作、以案谋私的；

（三）违法窃取、泄露调查工作信息，或者泄露举报事项、举报受理情况以及举报人信息的；

（四）对被调查人或者涉案人员逼供、诱供，或者侮辱、打骂、虐待、体罚或者变相体罚的；

（五）违反规定处置查封、扣押、冻结的财物的；

（六）违反规定发生办案安全事故，或者发生安全事故后隐瞒不报、报告失实、处置不当的；

（七）违反规定采取强制到案、责令候查、管护、留置或者禁闭措施，或者法定期限届满，不予以解除或者变更的；

（八）违反规定采取技术调查、限制出境措施，或者不按规定解除技术调查、限制出境措施的；

（九）利用职权非法干扰企业生产经营或者侵害企业经营者人身权利、财产权利和其他合法权益的；

（十）其他滥用职权、玩忽职守、徇私舞弊的行为。

第七十五条 违反本法规定，构成犯罪的，依法追究刑事责任。

第七十六条 监察机关及其工作人员行使职权，侵犯公民、法人和其他组织的合法权益造成损害的，依法给予国家赔偿。

第九章 附 则

第七十七条 中国人民解放军和中国人民武装警察部队开展监察工作，由中央军事委员会根据本法制定具体规定。

第七十八条 本法自公布之日起施行。《中华人民共和国行政监察法》同时废止。

中华人民共和国监察官法

（2021年8月20日第十三届全国人民代表大会常务委员会第三十次会议通过　2021年8月20日中华人民共和国主席令第92号公布　自2022年1月1日起施行）

第一章　总　　则

第一条　为了加强对监察官的管理和监督，保障监察官依法履行职责，维护监察官合法权益，推进高素质专业化监察官队伍建设，推进监察工作规范化、法治化，根据宪法和《中华人民共和国监察法》，制定本法。

第二条　监察官的管理和监督坚持中国共产党领导，坚持以马克思列宁主义、毛泽东思想、邓小平理论、“三个代表”重要思想、科学发展观、习近平新时代中国特色社会主义思想为指导，坚持党管干部原则，增强监察官的使命感、责任感、荣誉感，建设忠诚干净担当的监察官队伍。

第三条　监察官包括下列人员：

（一）各级监察委员会的主任、副主任、委员；

（二）各级监察委员会机关中的监察人员；

（三）各级监察委员会派驻或者派出到中国共产党机关、国家机关、法律法规授权或者委托管理公共事务的组织和单位以及所管辖的行政区域等的监察机构中的监察人员、监察专员；

（四）其他依法行使监察权的监察机构中的监察人员。

对各级监察委员会派驻到国有企业的监察机构工作人员、监察专员，以及国有企业中其他依法行使监察权的监察机构工作人员的监督管理，参照执行本法有关规定。

第四条　监察官应当忠诚坚定、担当尽责、清正廉洁，做严格自律、作风优良、拒腐防变的表率。

第五条　监察官应当维护宪法和法律的尊严和权威，以事实为根据，以法律为准绳，客观公正地履行职责，保障当事人的合法权益。

第六条 监察官应当严格按照规定的权限和程序履行职责，坚持民主集中制，重大事项集体研究。

第七条 监察机关应当建立健全对监察官的监督制度和机制，确保权力受到严格约束。

监察官应当自觉接受组织监督和民主监督、社会监督、舆论监督。

第八条 监察官依法履行职责受法律保护，不受行政机关、社会团体和个人的干涉。

第二章 监察官的职责、义务和权利

第九条 监察官依法履行下列职责：

（一）对公职人员开展廉政教育；

（二）对公职人员依法履职、秉公用权、廉洁从政从业以及道德操守情况进行监督检查；

（三）对法律规定由监察机关管辖的职务违法和职务犯罪进行调查；

（四）根据监督、调查的结果，对办理的监察事项提出处置意见；

（五）开展反腐败国际合作方面的工作；

（六）法律规定的其他职责。

监察官在职权范围内对所办理的监察事项负责。

第十条 监察官应当履行下列义务：

（一）自觉坚持中国共产党领导，严格执行中国共产党和国家的路线方针政策、重大决策部署；

（二）模范遵守宪法和法律；

（三）维护国家和人民利益，秉公执法，勇于担当、敢于监督，坚决同腐败现象作斗争；

（四）依法保障监察对象及有关人员的合法权益；

（五）忠于职守，勤勉尽责，努力提高工作质量和效率；

（六）保守国家秘密和监察工作秘密，对履行职责中知悉的商业秘密和个人隐私、个人信息予以保密；

（七）严守纪律，恪守职业道德，模范遵守社会公德、家庭美德；

（八）自觉接受监督；

（九）法律规定的其他义务。

第十一条 监察官享有下列权利：

（一）履行监察官职责应当具有的职权和工作条件；

（二）履行监察官职责应当享有的职业保障和福利待遇；

（三）人身、财产和住所安全受法律保护；

（四）提出申诉或者控告；

（五）《中华人民共和国公务员法》等法律规定的其他权利。

第三章 监察官的条件和选用

第十二条 担任监察官应当具备下列条件：

（一）具有中华人民共和国国籍；

（二）忠于宪法，坚持中国共产党领导和社会主义制度；

（三）具有良好的政治素质、道德品行和廉洁作风；

（四）熟悉法律、法规、政策，具有履行监督、调查、处置等职责的专业知识和能力；

（五）具有正常履行职责的身体条件和心理素质；

（六）具备高等学校本科及以上学历；

（七）法律规定的其他条件。

本法施行前的监察人员不具备前款第六项规定的学历条件的，应当接受培训和考核，具体办法由国家监察委员会制定。

第十三条 有下列情形之一的，不得担任监察官：

（一）因犯罪受过刑事处罚，以及因犯罪情节轻微被人民检察院依法作出不起诉决定或者被人民法院依法免予刑事处罚的；

（二）被撤销中国共产党党内职务、留党察看、开除党籍的；

（三）被撤职或者开除公职的；

（四）被依法列为失信联合惩戒对象的；

（五）配偶已移居国（境）外，或者没有配偶但是子女均已移居国（境）外的；

（六）法律规定的其他情形。

第十四条 监察官的选用，坚持德才兼备、以德为先，坚持五湖四海、任人唯贤，坚持事业为上、公道正派，突出政治标准，注重工作实绩。

第十五条 监察官采用考试、考核的办法，从符合监察官条件的人员中择优选用。

第十六条 录用监察官，应当依照法律和国家有关规定采取公开考试、严格考察、平等竞争、择优录取的办法。

第十七条 监察委员会可以根据监察工作需要，依照法律和国家有关规定从中国共产党机关、国家机关、事业单位、国有企业等机关、单位从事公务的人员中选择符合任职条件的人员担任监察官。

第十八条 监察委员会可以根据监察工作需要，依照法律和国家有关规定在从事与监察机关职能职责相关的职业或者教学、研究的人员中选拔或者聘任符合任职条件的人员担任监察官。

第四章 监察官的任免

第十九条 国家监察委员会主任由全国人民代表大会选举和罢免，副主任、委员由国家监察委员会主任提请全国人民代表大会常务委员会任免。

地方各级监察委员会主任由本级人民代表大会选举和罢免，副主任、委员由监察委员会主任提请本级人民代表大会常务委员会任免。

新疆生产建设兵团各级监察委员会主任、副主任、委员，由新疆维吾尔自治区监察委员会主任提请自治区人民代表大会常务委员会任免。

其他监察官的任免，按照管理权限和规定的程序办理。

第二十条 监察官就职时应当依照法律规定进行宪法宣誓。

第二十一条 监察官有下列情形之一的，应当免去其监察官职务：

（一）丧失中华人民共和国国籍的；

（二）职务变动不需要保留监察官职务的；

（三）退休的；

（四）辞职或者依法应当予以辞退的；

（五）因违纪违法被调离或者开除的；

（六）法律规定的其他情形。

第二十二条 监察官不得兼任人民代表大会常务委员会的组成人员，不得兼任行政机关、审判机关、检察机关的职务，不得兼任企业或者其他营利性组织、事业单位的职务，不得兼任人民陪审员、人民监督员、执业律师、仲裁员和公证员。

监察官因工作需要兼职的，应当按照管理权限批准，但是不得领取兼职报酬。

第二十三条 监察官担任县级、设区的市级监察委员会主任的，应当按照有关规定实行地域回避。

第二十四条 监察官之间有夫妻关系、直系血亲关系、三代以内旁系血亲以及近姻亲关系的，不得同时担任下列职务：

（一）同一监察委员会的主任、副主任、委员，上述人员和其他监察官；

（二）监察委员会机关同一部门的监察官；

（三）同一派驻机构、派出机构或者其他监察机构的监察官；

（四）上下相邻两级监察委员会的主任、副主任、委员。

第五章 监察官的管理

第二十五条 监察官等级分为十三级，依次为总监察官、一级副总监察官、二级副总监察官，一级高级监察官、二级高级监察官、三级高级监察官、四级高级监察官，一级监察官、二级监察官、三级监察官、四级监察官、五级监察官、六级监察官。

第二十六条 国家监察委员会主任为总监察官。

第二十七条 监察官等级的确定，以监察官担任的职务职级、德才表现、业务水平、工作实绩和工作年限等为依据。

监察官等级晋升采取按期晋升和择优选升相结合的方式，特别优秀或者作出特别贡献的，可以提前选升。

第二十八条 监察官的等级设置、确定和晋升的具体办法，由国家另行规定。

第二十九条 初任监察官实行职前培训制度。

第三十条 对监察官应当有计划地进行政治、理论和业务培训。

培训应当突出政治机关特色，坚持理论联系实际、按需施教、讲求实效，提高专业能力。

监察官培训情况，作为监察官考核的内容和任职、等级晋升的依据之一。

第三十一条 监察官培训机构按照有关规定承担培训监察官的任务。

第三十二条 国家加强监察学科建设，鼓励具备条件的普通高等学校设置监察专业或者开设监察课程，培养德才兼备的高素质监察官后备人才，提高监察官的专业能力。

第三十三条 监察官依照法律和国家有关规定实行任职交流。

第三十四条 监察官申请辞职，应当由本人书面提出，按照管理权限批准后，依照规定的程序免去其职务。

第三十五条 监察官有依法应当予以辞退情形的，依照规定的程序免去其职务。

辞退监察官应当按照管理权限决定。辞退决定应当以书面形式通知被辞退的监察官，并列明作出决定的理由和依据。

第六章 监察官的考核和奖励

第三十六条 对监察官的考核，应当全面、客观、公正，实行平时考核、专项考核和年度考核相结合。

第三十七条 监察官的考核应当按照管理权限，全面考核监察官的德、能、勤、绩、廉，重点考核政治素质、工作实绩和廉洁自律情况。

第三十八条 年度考核结果分为优秀、称职、基本称职和不称职四个等次。

考核结果作为调整监察官等级、工资以及监察官奖惩、免职、降职、辞退的依据。

第三十九条 年度考核结果以书面形式通知监察官本人。监察官对考核结果如果有异议，可以申请复核。

第四十条 对在监察工作中有显著成绩和贡献，或者有其他突出事迹的监察官、监察官集体，给予奖励。

第四十一条 监察官有下列表现之一的，给予奖励：

（一）履行监督职责，成效显著的；

（二）在调查、处置职务违法和职务犯罪工作中，做出显著成绩和贡献的；

（三）提出有价值的监察建议，对防止和消除重大风险隐患效果显著的；

（四）研究监察理论、总结监察实践经验成果突出，对监察工作有指导作用的；

（五）有其他功绩的。

监察官的奖励按照有关规定办理。

第七章　监察官的监督和惩戒

第四十二条　监察机关应当规范工作流程，加强内部监督制约机制建设，强化对监察官执行职务和遵守法律情况的监督。

第四十三条　任何单位和个人对监察官的违纪违法行为，有权检举、控告。受理检举、控告的机关应当及时调查处理，并将结果告知检举人、控告人。

对依法检举、控告的单位和个人，任何人不得压制和打击报复。

第四十四条　对于审判机关、检察机关、执法部门等移送的监察官违纪违法履行职责的问题线索，监察机关应当及时调查处理。

第四十五条　监察委员会根据工作需要，按照规定从各方面代表中聘请特约监察员等监督人员，对监察官履行职责情况进行监督，提出加强和改进监察工作的意见、建议。

第四十六条　监察官不得打听案情、过问案件、说情干预。对于上述行为，办理监察事项的监察官应当及时向上级报告。有关情况应当登记备案。

办理监察事项的监察官未经批准不得接触被调查人、涉案人员及其特定关系人，或者与其进行交往。对于上述行为，知悉情况的监察官应当及时向上级报告。有关情况应当登记备案。

第四十七条　办理监察事项的监察官有下列情形之一的，应当自行回避，监察对象、检举人、控告人及其他有关人员也有权要求其回避；没有主动申请回避的，监察机关应当依法决定其回避：

（一）是监察对象或者检举人、控告人的近亲属的；

（二）担任过本案的证人的；

（三）本人或者其近亲属与办理的监察事项有利害关系的；

（四）有可能影响监察事项公正处理的其他情形的。

第四十八条 监察官应当严格执行保密制度，控制监察事项知悉范围和时间，不得私自留存、隐匿、查阅、摘抄、复制、携带问题线索和涉案资料，严禁泄露监察工作秘密。

监察官离岗离职后，应当遵守脱密期管理规定，严格履行保密义务，不得泄露相关秘密。

第四十九条 监察官离任三年内，不得从事与监察和司法工作相关联且可能发生利益冲突的职业。

监察官离任后，不得担任原任职监察机关办理案件的诉讼代理人或者辩护人，但是作为当事人的监护人或者近亲属代理诉讼、进行辩护的除外。

监察官被开除后，不得担任诉讼代理人或者辩护人，但是作为当事人的监护人或者近亲属代理诉讼、进行辩护的除外。

第五十条 监察官应当遵守有关规范领导干部配偶、子女及其配偶经商办企业行为的规定。违反规定的，予以处理。

第五十一条 监察官的配偶、父母、子女及其配偶不得以律师身份担任该监察官所任职监察机关办理案件的诉讼代理人、辩护人，或者提供其他有偿法律服务。

第五十二条 监察官有下列行为之一的，依法给予处理；构成犯罪的，依法追究刑事责任：

（一）贪污贿赂的；

（二）不履行或者不正确履行监督职责，应当发现的问题没有发现，或者发现问题不报告、不处置，造成恶劣影响的；

（三）未经批准、授权处置问题线索，发现重大案情隐瞒不报，或者私自留存、处理涉案材料的；

（四）利用职权或者职务上的影响干预调查工作、以案谋私的；

（五）窃取、泄露调查工作信息，或者泄露举报事项、举报受理情况以及举报人信息的；

（六）隐瞒、伪造、变造、故意损毁证据、案件材料的；

（七）对被调查人或者涉案人员逼供、诱供，或者侮辱、打骂、虐待、体罚、变相体罚的；

（八）违反规定采取调查措施或者处置涉案财物的；

（九）违反规定发生办案安全事故，或者发生安全事故后隐瞒不报、报告失实、处置不当的；

（十）其他职务违法犯罪行为。

监察官有其他违纪违法行为，影响监察官队伍形象，损害国家和人民利益的，依法追究相应责任。

第五十三条 监察官涉嫌违纪违法，已经被立案审查、调查、侦查，不宜继续履行职责的，按照管理权限和规定的程序暂时停止其履行职务。

第五十四条 实行监察官责任追究制度，对滥用职权、失职失责造成严重后果的，终身追究责任或者进行问责。

监察官涉嫌严重职务违法、职务犯罪或者对案件处置出现重大失误的，应当追究负有责任的领导人员和直接责任人员的责任。

第八章 监察官的职业保障

第五十五条 除下列情形外，不得将监察官调离：

（一）按规定需要任职回避的；

（二）按规定实行任职交流的；

（三）因机构、编制调整需要调整工作的；

（四）因违纪违法不适合继续从事监察工作的；

（五）法律规定的其他情形。

第五十六条 任何单位或者个人不得要求监察官从事超出法定职责范围的事务。

对任何干涉监察官依法履职的行为，监察官有权拒绝并予以全面如实记录和报告；有违纪违法情形的，由有关机关根据情节轻重追究有关人员的责任。

第五十七条 监察官的职业尊严和人身安全受法律保护。

任何单位和个人不得对监察官及其近亲属打击报复。

对监察官及其近亲属实施报复陷害、侮辱诽谤、暴力侵害、威胁恐吓、滋事骚扰等违法犯罪行为的，应当依法从严惩治。

第五十八条 监察官因依法履行职责遭受不实举报、诬告陷害、侮辱诽谤，致使名誉受到损害的，监察机关应当会同有关部门及时澄清事实，消除不良影响，并依法追究相关单位或者个人的责任。

第五十九条 监察官因依法履行职责，本人及其近亲属人身安全面临危险的，监察机关、公安机关应当对监察官及其近亲属采取人身保护、禁止特定人员接触等必要保护措施。

第六十条 监察官实行国家规定的工资制度，享受监察官等级津贴和其他津贴、补贴、奖金、保险、福利待遇。监察官的工资及等级津贴制度，由国家另行规定。

第六十一条 监察官因公致残的，享受国家规定的伤残待遇。监察官因公牺牲或者病故的，其亲属享受国家规定的抚恤和优待。

第六十二条 监察官退休后，享受国家规定的养老金和其他待遇。

第六十三条 对于国家机关及其工作人员侵犯监察官权利的行为，监察官有权提出控告。

受理控告的机关应当依法调查处理，并将调查处理结果及时告知本人。

第六十四条 监察官对涉及本人的政务处分、处分和人事处理不服的，可以依照规定的程序申请复审、复核，提出申诉。

第六十五条 对监察官的政务处分、处分或者人事处理错误的，应当及时予以纠正；造成名誉损害的，应当恢复名誉、消除影响、赔礼道歉；造成经济损失的，应当赔偿。对打击报复的直接责任人员，应当依法追究其责任。

第九章　附　　则

第六十六条 有关监察官的权利、义务和管理制度，本法已有规定的，适用本法的规定；本法未作规定的，适用《中华人民共和国公务员法》等法律法规的规定。

第六十七条 中国人民解放军和中国人民武装警察部队的监察官制度，按照国家和军队有关规定执行。

第六十八条 本法自2022年1月1日起施行。

公务员公开遴选办法

（2013年1月24日中共中央组织部、人力资源社会保障部制定 2021年8月25日中共中央组织部修订 2021年9月17日发布）

第一章 总 则

第一条 为优化领导机关公务员队伍结构，建立健全来自基层的公务员培养选拔机制，规范公务员公开遴选工作，根据《中华人民共和国公务员法》和《公务员转任规定》等有关法律法规，制定本办法。

第二条 本办法所称公开遴选，是指市（地）级以上机关从下级机关公开择优选拔任用内设机构公务员。

公开遴选是公务员转任方式之一，应当突出工作需要，保持适度规模。

公开遴选中涉及领导职务和职级升降、领导职务和职级互相转任的，按照有关规定办理。

第三条 公开遴选坚持党管干部原则，突出政治标准，坚持德才兼备、以德为先、任人唯贤，坚持事业为上、人岗相适、人事相宜，坚持公道正派、注重实绩、群众公认，坚持依法依规办事。

第四条 公开遴选应当在规定的编制限额和职数内进行，并有相应的职位空缺。

第五条 公开遴选一般按照下列程序进行：

（一）发布公告；

（二）报名与资格审查；

（三）考试；

（四）考察；

（五）决定与任职。

省级以上公务员主管部门可以根据需要对上述程序进行调整。

第六条 市（地）级以上公务员主管部门按照管理权限和职责分

工负责公开遴选工作的综合管理。公开遴选机关按照公务员主管部门的要求，负责公开遴选有关工作。

公开遴选有关专业性、技术性、事务性工作，可以授权或者委托考试机构以及其他专业机构承担。

第七条 省级机关和市（地）级机关公开遴选，原则上面向本辖区内下级机关（含相应层级中央机关直属机构）公务员进行。因服务保障国家重大战略决策部署等需要面向本省（自治区、直辖市）以外进行的，省级公务员主管部门应当事先与中央公务员主管部门沟通。

省级公务员主管部门应当对本辖区内公开遴选工作进行统筹，合理确定时间和频次，一般应当集中开展。

第二章　申报计划与发布公告

第八条 公开遴选机关在进行公务员队伍结构和职位分析的基础上，根据工作需要，提出公开遴选职位及其资格条件，拟定公开遴选计划，报公务员主管部门审批。

第九条 组织公开遴选前，应当依据有关法律法规和政策规定，制定实施方案。

第十条 公开遴选应当面向社会发布公告。公告应当包括以下内容：

（一）公开遴选机关、职位、名额、职位简介和报考资格条件；

（二）公开遴选范围、程序、方式和相关要求；

（三）报名方式和需要提交的相关材料；

（四）考试科目、时间和地点；

（五）其他相关事项。

第三章　报名与资格审查

第十一条 公开遴选可由公务员本人申请并按照干部管理权限经组织审核同意后报名，也可征得本人同意后由组织推荐报名。

公务员所在机关党委（党组）或者公务员主管部门应当切实履行

把关责任，充分考虑人选的政治素质、专业素养、工作实绩和一贯表现，对不符合报名资格条件的，不得同意或者推荐报名。

第十二条 报名参加公开遴选的公务员，应当具备下列资格条件：

（一）政治立场坚定、政治素质过硬，增强“四个意识”、坚定“四个自信”、做到“两个维护”；

（二）具有良好的业务素质，品行端正，实绩突出，群众公认；

（三）一般应当具有 2 年以上基层工作经历；

（四）一般应当在本级机关工作 2 年以上，年度考核没有基本称职以下等次；

（五）具有公开遴选职位要求的工作能力和任职经历；

（六）报名参加中央机关、省级机关公开遴选的一般应当具有大学本科以上文化程度，报名参加市（地）级机关公开遴选的一般应当具有大学专科以上文化程度；

（七）具有正常履行职责的身体条件和心理素质；

（八）公务员主管部门规定的其他资格条件；

（九）法律法规规定的其他条件。

前款第（三）、（四）、（六）项所列条件，根据需要，经省级以上公务员主管部门批准，可以适当调整。

报考行政机关中行政处罚决定审核、行政复议、行政裁决、法律顾问等职位的，应当取得法律职业资格。

公务员主管部门和公开遴选机关不得设置与职位要求无关的报名资格条件。

第十三条 公务员有下列情形之一的，不得参加公开遴选：

（一）被开除中国共产党党籍的；

（二）被依法列为失信联合惩戒对象的；

（三）涉嫌违纪违法正在接受有关专门机关审查调查尚未作出结论的；

（四）受到诫勉、组织处理或者党纪政务处分等影响期未满或者期满影响使用的；

（五）按照有关规定，到乡镇机关、艰苦边远地区以及定向单位工作未满最低服务年限或者对转任有其他限制性规定的；

（六）尚在试用期或者提拔担任领导职务未满 1 年的；

（七）法律法规规定的其他情形。

第十四条 报名人员不得报考任职后即构成公务员法第七十四条第一款所列情形的职位，也不得报考与本人有夫妻关系、直系血亲关系、三代以内旁系血亲关系以及近姻亲关系的人员担任领导成员的用人单位的职位。

第十五条 报名人员应当向公开遴选机关提交报名需要的相关材料，提交的材料应当真实、准确、完整。

公开遴选机关按照职位资格条件对报名人员提交的材料进行审查，确定报名人员是否具有报名资格。资格审查贯穿公开遴选全过程。

第四章 考 试

第十六条 考试一般采取笔试和面试等方式进行。考试内容根据不同职位类别、不同层级机关公务员应当具备的能力素质分别设置，重点测查用习近平新时代中国特色社会主义思想指导分析和解决问题的能力。

第十七条 面试人选根据笔试成绩由高到低的顺序确定。

第十八条 面试应当组成面试考官小组，其中公开遴选机关以外的考官应当占一定比例。面试考官应当公道正派，熟悉公开遴选职位相关业务，具有干部测评相关经验。

第十九条 公开遴选机关根据职位需要，经公务员主管部门同意，可以对报名人员进行职位业务水平测试、心理素质测评、体能测评等。

第五章 考 察

第二十条 公开遴选采取差额考察的办法，考察人数与计划遴选人数的比例一般不高于2：1。考察对象根据考试成绩等确定。

第二十一条 公开遴选机关对考察对象的德、能、勤、绩、廉情况以及职位匹配度等进行全面考察，突出政治标准，深入考察政治忠诚、政治定力、政治担当、政治能力、政治自律等方面情况，重点考察政治理论学习情况、制度执行力、履职能力、工作实绩和群众公认程度，严把政治关、品行关、能力关、作风关、廉洁关，并据实形成书面考察材料。

第二十二条 考察可以采取个别谈话、民主测评、实地走访、同考察对象面谈等方法，根据需要还可进行专项调查、延伸考察等，充分听取考察对象所在单位有关领导、群众和组织（人事）部门、纪检监察机关、机关党组织的意见，并审核干部人事档案、查询社会信用记录，对反映问题线索具体、有可查性的信访举报进行核查。考察对象需要报告或者查核个人有关事项、进行经济责任审计的，按照有关规定执行。

对在基层一线窗口单位工作的考察对象，注重听取服务对象的意见。

第二十三条 公开遴选机关派出 2 名以上人员组成考察组。考察组一般由组织（人事）部门的人员和熟悉公开遴选职位情况的人员共同组成。

第二十四条 考察对象所在机关应当配合考察组工作，客观、真实反映有关情况。

第二十五条 公开遴选机关根据职位需要，经公务员主管部门同意，可以对报名人员进行体检。

第六章 决定与任职

第二十六条 公开遴选机关根据考察情况和职位要求，按照干部管理权限，集体讨论决定拟任职人员。

第二十七条 对拟任职人员应当进行公示，公示期不少于 5 个工作日。

公示期满，对没有问题或者反映问题不影响任用的，报公务员主管部门审批或者备案；对反映有严重问题并查有实据的，取消公开遴选资格，并将有关情况通报其所在机关组织（人事）部门。

第二十八条 对拟任职人员可以设置试用期，一般不超过 6 个月。试用期内，拟任职人员在原工作单位的人事工资关系、待遇不变。试用期满考核合格的，按照有关规定办理调动和任职手续；考核不合格的，回原单位工作，相关情况报送公务员主管部门。

对拟任职人员未设置试用期的，在报公务员主管部门审批或者备案后，按照有关规定办理调动和任职手续。

拟提拔担任领导职务的，试用期按照有关规定执行。

第七章　纪律与监督

第二十九条　公开遴选工作人员存在应当回避情形的，按照有关规定执行。

第三十条　有下列情形之一的，由公务员主管部门视情况予以责令纠正或者宣布无效；根据情节轻重，依规依纪依法追究负有责任的领导人员和直接责任人员责任，涉嫌违法犯罪的，移送有关国家机关依法处理：

（一）不按照规定的编制限额、职数和职位要求进行的；

（二）不按照规定的任职资格条件和程序进行的；

（三）未经授权，擅自出台、变更公开遴选政策，造成不良影响的；

（四）公开遴选工作中徇私舞弊的；

（五）发生泄露试题、违反考场纪律以及其他影响公平、公正行为的。

第三十一条　公开遴选工作人员有下列情形之一的，根据情节轻重，依规依纪依法追究责任；涉嫌违法犯罪的，移送有关国家机关依法处理：

（一）泄露试题和其他公开遴选秘密信息的；

（二）利用工作便利，伪造考试成绩或者其他有关资料的；

（三）利用工作便利，协助参加遴选人员作弊的；

（四）因工作失职，影响公开遴选工作正常进行的；

（五）违反公开遴选工作纪律的其他行为。

第三十二条　对违反公开遴选纪律的报名人员，按照有关规定处理，并根据情节轻重，依规依纪依法追究责任；涉嫌违法犯罪的，移送有关国家机关依法处理。

第三十三条　公开遴选工作接受监督。公务员主管部门、公开遴选机关、考试机构和相关部门应当及时受理举报、申诉，并按照规定权限和程序处理。

第八章　附　　则

第三十四条　参照公务员法管理的机关（单位）中除工勤人员以外的工作人员的公开遴选，参照本办法执行。

第三十五条　本办法由中共中央组织部负责解释。

第三十六条　本办法自发布之日起施行。

公务员录用规定

（2007 年 11 月 6 日中共中央组织部、人事部制定　2019 年 10 月 15 日中共中央组织部修订　2019 年 11 月 26 日发布）

第一章　总　　则

第一条　为规范公务员录用工作，保证新录用公务员的基本素质，建设信念坚定、为民服务、勤政务实、敢于担当、清正廉洁的高素质专业化公务员队伍，根据《中华人民共和国公务员法》（以下简称公务员法）和有关法律法规，制定本规定。

第二条　本规定适用于各级机关录用担任一级主任科员以下及其他相当职级层次的公务员。

第三条　公务员录用坚持以马克思列宁主义、毛泽东思想、邓小平理论、“三个代表”重要思想、科学发展观、习近平新时代中国特色社会主义思想为指导，贯彻新时代中国共产党的组织路线和干部工作方针政策，突出政治标准，坚持下列原则：

（一）党管干部；

（二）公开、平等、竞争、择优；

（三）德才兼备、以德为先，五湖四海、任人唯贤；

（四）事业为上、公道正派，人岗相适、人事相宜；

（五）依法依规办事。

第四条　录用公务员，采取公开考试、严格考察、平等竞争、择优录取的办法。录用政策和考试内容应当体现分类分级管理要求。

第五条 录用公务员，应当在规定的编制限额内，并有相应的职位空缺。

第六条 录用公务员，应当按照下列程序进行：

（一）发布招考公告；

（二）报名与资格审查；

（三）考试；

（四）体检；

（五）考察；

（六）公示；

（七）审批或者备案。

省级以上公务员主管部门可以对上述程序进行调整。

第七条 民族自治地方录用公务员，依照法律和有关规定执行。具体办法由省级以上公务员主管部门确定。

第八条 公务员主管部门和招录机关应当采取措施，便利报考者报名和参加考试。有残疾人参加考试时，根据需要予以协助。

第二章 管理机构

第九条 中央公务员主管部门负责全国公务员录用的综合管理工作。具体包括：

（一）拟定公务员录用法规；

（二）制定公务员录用的规章、政策；

（三）指导和监督地方各级机关公务员的录用工作；

（四）负责组织中央机关及其直属机构公务员的录用。

第十条 省级公务员主管部门负责本辖区公务员录用的综合管理工作。具体包括：

（一）贯彻有关公务员录用的法律、法规、规章和政策；

（二）根据公务员法和本规定，制定本辖区内公务员录用实施办法；

（三）负责组织本辖区内各级机关公务员的录用；

（四）指导和监督设区的市级以下各级机关公务员录用工作；

（五）承办中央公务员主管部门委托的公务员录用有关工作。

必要时，省级公务员主管部门可以授权设区的市级公务员主管部门组织本辖区内公务员的录用。

第十一条 设区的市级以下公务员主管部门按照省级公务员主管部门的规定，负责本辖区内公务员录用的有关工作。

第十二条 招录机关按照公务员主管部门的要求，负责本机关及直属机构公务员录用的有关工作。

第十三条 公务员录用有关专业性、技术性、事务性工作可以授权或者委托考试机构以及其他专业机构承担。

第三章 录用计划与招考公告

第十四条 招录机关根据队伍建设需要和职位要求，提出招考的职位、名额和报考资格条件，拟定录用计划。

第十五条 中央机关及其直属机构的录用计划，由中央公务员主管部门审定。

省级机关及其直属机构的录用计划，由省级公务员主管部门审定。设区的市级以下机关录用计划的申报程序和审批权限，由省级公务员主管部门规定。

第十六条 省级以上公务员主管部门依据有关法律、法规、规章和政策，制定招考工作方案。

设区的市级公务员主管部门经授权组织本辖区公务员录用，其招考工作方案应当报经省级公务员主管部门审核同意。

第十七条 公务员主管部门依据招考工作方案，制定招考公告，面向社会发布。招考公告应当载明以下内容：

（一）招录机关、招考职位、名额和报考资格条件；

（二）报名方式方法、时间和地点；

（三）报考需要提交的申请材料；

（四）考试科目、时间和地点；

（五）其他须知事项。

第四章　报名与资格审查

第十八条　报考公务员，应当具备下列资格条件：

（一）具有中华人民共和国国籍；

（二）年龄为十八周岁以上，三十五周岁以下；

（三）拥护中华人民共和国宪法，拥护中国共产党领导和社会主义制度；

（四）具有良好的政治素质和道德品行；

（五）具有正常履行职责的身体条件和心理素质；

（六）具有符合职位要求的工作能力；

（七）具有大学专科以上文化程度；

（八）省级以上公务员主管部门规定的拟任职位所要求的资格条件；

（九）法律、法规规定的其他条件。

前款第（二）、（七）项所列条件，经省级以上公务员主管部门批准，可以适当调整。

报考行政机关中行政处罚决定审核、行政复议、行政裁决、法律顾问等职位的，应当取得法律职业资格。

公务员主管部门和招录机关不得设置与职位要求无关的报考资格条件。

第十九条　下列人员不得报考公务员：

（一）因犯罪受过刑事处罚的；

（二）被开除中国共产党党籍的；

（三）被开除公职的；

（四）被依法列为失信联合惩戒对象的；

（五）有法律规定不得录用为公务员的其他情形的。

第二十条　报考者不得报考录用后即构成公务员法第七十四条所列情形的职位，也不得报考与本人有夫妻关系、直系血亲关系、三代以内旁系血亲关系以及近姻亲关系的人员担任领导成员的用人单位的职位。

第二十一条　报考者应当向招录机关提交报考申请材料，报考者提交的申请材料应当真实、准确、完整。

招录机关根据报考资格条件对报考申请进行审查，确认报考者是否具有报考资格。资格审查贯穿录用全过程。

第五章 考 试

第二十二条 公务员录用考试采取笔试和面试等方式进行，考试内容根据公务员应当具备的基本能力和不同职位类别、不同层级机关分别设置，重点测查用习近平新时代中国特色社会主义思想指导分析和解决问题的能力。

第二十三条 笔试包括公共科目和专业科目。公共科目由中央公务员主管部门统一确定。专业科目由省级以上公务员主管部门根据需要设置。

第二十四条 招录机关按照省级以上公务员主管部门的规定，根据报考者笔试成绩由高到低的顺序确定面试人选。

面试的内容和方法，由省级以上公务员主管部门规定。

面试应当组成面试考官小组。面试考官小组由具有面试考官资格的人员组成。面试考官资格的认定与管理，由省级以上公务员主管部门负责。

第二十五条 有下列情形之一的，可以简化程序或者采用其他测评办法：

（一）不宜公开招考的；

（二）需要专门测查有关专业技能水平的；

（三）专业人才紧缺难以形成竞争的；

（四）省级以上公务员主管部门规定的其他情形。

以上情形的适用范围和实施办法，由省级以上公务员主管部门确定。

第六章 体 检

第二十六条 招录机关按照省级以上公务员主管部门的规定，根据报考者考试成绩由高到低的顺序确定体检人选，并进行体检。

第二十七条 体检的项目和标准根据职位要求确定。具体办法由中央公务员主管部门会同国务院卫生健康行政部门规定。

第二十八条 承担体检工作的医疗机构由设区的市级以上公务员主管部门会同同级卫生健康行政部门指定。

体检完毕，主检医生应当审核体检结果并签名，医疗机构加盖公章。

第二十九条 招录机关或者报考者对体检结果有疑问的，可以按照规定提出复检。复检只能进行一次。体检结果以复检结论为准。

必要时，设区的市级以上公务员主管部门可以要求体检对象重新体检。

第三十条 招录机关根据职位需要，经省级以上公务员主管部门批准，可以对报考者进行体能测评。体能测评的项目和标准根据职位要求确定。具体办法由中央公务员主管部门规定。

第三十一条 招录机关根据职位需要，经省级以上公务员主管部门批准，可以对报考者有关心理素质进行测评，测评结果作为择优确定拟录用人员的重要参考。

第七章 考 察

第三十二条 招录机关根据报考者的考试成绩等确定考察人选，并进行报考资格复审和考察。

第三十三条 报考资格复审主要核实报考者是否符合规定的报考资格条件，确认其报名时提交的信息和材料是否真实、准确、完整。

第三十四条 考察工作突出政治标准，重点考察人选是否符合增强“四个意识”、坚定“四个自信”、做到“两个维护”，热爱中国共产党、热爱祖国、热爱人民等政治要求。考察内容主要包括人选的政治素质、道德品行、能力素质、心理素质、学习和工作表现、遵纪守法、廉洁自律、职位匹配度以及是否需要回避等方面的情况。

考察人选达不到公务员应当具备的条件或者不符合报考职位要求的，不得确定为拟录用人员。

第三十五条 考察应当组成考察组。考察组由两人以上组成，采取个别谈话、实地走访、严格审核人事档案、查询社会信用记录、同考察人选面谈等方法，根据需要也可以进行延伸考察等，广泛深入地了解情况，做到全面、客观、公正，并据实写出考察材料。考察情况作为择优确定拟录用人员的主要依据。考察对象所在单位（学校）或者相关单位应予积极配合，并客观、真实反映有关情况。

省级（含副省级）以上招录机关，可以实行差额考察。

第八章　公示、审批或者备案

第三十六条　招录机关根据报考者的考试成绩、体检结果和考察情况等，择优提出拟录用人员名单，向社会公示。公示期不少于五个工作日。

第三十七条　公示内容包括招录机关名称、拟录用职位，拟录用人员姓名、性别、准考证号、毕业院校或者工作单位，监督电话以及省级以上公务员主管部门规定的其他事项。

公示期满，对没有问题或者反映问题不影响录用的，按照规定程序办理审批或者备案手续；对有严重问题并查有实据的，不予录用；对反映有严重问题，但一时难以查实的，暂缓录用，待查实并作出结论后再决定是否录用。

第三十八条　中央机关及其直属机构拟录用人员名单应当报中央公务员主管部门备案；地方各级招录机关拟录用人员名单应当报省级或者设区的市级公务员主管部门审批。

第九章　试　　用

第三十九条　新录用的公务员试用期为一年，自报到之日起计算。试用期内，由招录机关对新录用的公务员进行考核，并按照规定进行初任培训。

第四十条　新录用公务员试用期满考核合格的，招录机关应当按照有关规定予以任职定级。

第四十一条　新录用公务员试用期满考核不合格的，取消录用。

试用期间发现新录用公务员有不具备公务员条件、不符合报考职位要求、不能胜任职位工作等情形的，取消录用。

新录用公务员有公务员法第八十九条规定情形的，不得取消录用。

第四十二条 中央机关及其直属机构取消录用的人员名单，应当报中央公务员主管部门备案。地方各级招录机关取消录用的审批权限由省级公务员主管部门规定。

第四十三条 新录用公务员取消录用的时间，从作出取消录用决定之日起计算。取消录用决定应当以书面形式通知本人，停发工资、转递档案以及转接社会保险关系等按照有关规定执行。

第十章 纪律与监督

第四十四条 从事录用工作的人员凡有公务员法第七十六条所列情形之一的，应当实行回避。

第四十五条 有下列情形之一的，由省级以上公务员主管部门或者设区的市级公务员主管部门，视情况分别予以责令纠正或者宣布无效；对负有责任的领导人员和直接责任人员，根据情节轻重，给予批评教育、责令检查、诫勉、组织调整或者组织处理；涉嫌违纪违法需要追究责任的，依规依纪依法予以处分；涉嫌犯罪的，移送有关国家机关依法处理：

（一）不按照规定的编制限额和职位要求进行录用的；

（二）不按照规定的任职资格条件和程序录用的；

（三）未经授权，擅自出台、变更录用政策，造成不良影响的；

（四）录用工作中徇私舞弊，情节严重的；

（五）发生泄露试题、违反考场纪律以及其他严重影响公开、公正行为的。

第四十六条 从事录用工作的人员有下列情形之一的，由公务员主管部门或者所在单位，根据情节轻重，给予批评教育、责令检查、诫勉、组织调整或者组织处理；涉嫌违纪违法需要追究责任的，依规依纪依法予以处分；涉嫌犯罪的，移送有关国家机关依法处理：

（一）泄露试题和其他录用秘密信息的；

（二）利用工作便利，伪造考试成绩或者其他录用工作有关资料的；

（三）利用工作便利，协助报考者考试作弊的；

（四）因工作失职，导致录用工作重新进行的；

（五）违反录用工作纪律的其他行为。

第四十七条 报考者有违反报考规则和管理规定行为的，由公务员主管部门、招录机关或者考试机构按照管理权限，分别采取纠正、批评教育、答卷不予评阅、当科考试成绩为零分、终止录用程序等方式进行现场处置或者事后处置。

报考者有隐瞒真实信息、弄虚作假、考试作弊、扰乱考试秩序等违反录用纪律行为的，情节较轻的，由省级以上公务员主管部门或者设区的市级公务员主管部门给予考试成绩无效、取消资格等处理；情节严重的，给予五年内限制报考的处理；情节特别严重的，给予终身限制报考的处理；涉嫌犯罪的，移送有关国家机关依法处理。

第四十八条 公务员录用工作接受监督。报考者可以向公务员主管部门、招录机关、考试机构提出意见建议；认为其合法权益受到侵犯的，可以依据有关规定进行信访、申诉、控告或者检举；对违纪违规行为处理决定不服的，可以进行陈述和申辩、申请行政复议或者提起行政诉讼。公务员主管部门、招录机关、考试机构和相关部门应当及时受理，并按照规定程序和权限处理。

第十一章 附 则

第四十九条 参照公务员法管理的机关（单位）录用工勤人员以外的工作人员，参照本规定执行。

第五十条 本规定由中共中央组织部负责解释。

第五十一条 本规定自2019年11月26日起施行。

公务员录用考察办法（试行）

（2021年8月25日中共中央组织部制定
2021年9月17日发布　自发布之日起施行）

第一条　为规范公务员录用考察工作，严把公务员队伍入口关，建设信念坚定、为民服务、勤政务实、敢于担当、清正廉洁的高素质专业化公务员队伍，根据《中华人民共和国公务员法》和《公务员录用规定》等有关法律法规，制定本办法。

第二条　本办法适用于各级机关录用担任一级主任科员以下及其他相当职级层次公务员的考察工作。

第三条　公务员录用考察坚持党管干部原则，突出政治标准，坚持实事求是、公道正派，坚持德才兼备、以德为先，坚持人岗相适、人事相宜。考察情况应当全面、客观、真实、准确。考察情况作为择优确定拟录用人员的主要依据。

第四条　省级以上公务员主管部门负责公务员录用考察工作的管理、指导和监督。

省级（含副省级）以上招录机关按照公务员主管部门的要求，负责本机关及直属机构公务员录用考察工作。市（地）级以下招录机关公务员录用考察工作的组织实施，按照省级公务员主管部门的规定执行。

第五条　考察人选所在单位（学校）以及相关单位应当配合考察工作，客观、真实提供有关情况。

考察人选所在单位（学校）或者相关单位党组织、组织（人事）部门、纪检监察机关应当按照管理权限，就考察人选政治素质、廉洁自律、道德品行等情况提出意见。

第六条　招录机关根据报考者的考试成绩等确定考察人选。

省级（含副省级）以上招录机关可以差额确定考察人选。市（地）级以下招录机关一般等额确定考察人选，经省级以上公务员主管部门同意，也可以差额确定考察人选。差额考察人数与计划录用人数的比例一般不高于2∶1。

第七条 考察时，应当全面了解考察人选的德、能、勤、绩、廉，严把政治关、品行关、能力关、作风关、廉洁关，主要考察下列内容：

（一）政治素质。注重了解政治理论学习情况，深入了解政治信仰、政治立场、政治意识和政治表现等情况，重点考察是否符合增强“四个意识”、坚定“四个自信”、做到“两个维护”，热爱中国共产党、热爱祖国、热爱人民等政治要求。

（二）道德品行。注重了解践行社会主义核心价值观，做到忠诚老实、公道正派，遵守社会公德、职业道德、家庭美德、个人品德等情况，关注学习、工作时间之外的表现情况。

（三）能力素质。注重了解学习能力、分析和解决问题的能力、组织协调能力以及履行招考职位职责需要的其他能力，加强对专业素养的考察，注意了解专业知识、专业能力、专业作风、专业精神等情况。

（四）心理素质。注重了解意志品质、内在动力、自我认知、情绪管理等情况，重点了解承受较大压力、遇到困难挫折时的精神状态和应对能力。

（五）学习和工作表现。注重了解学习态度、学习成绩、工作作风、工作实绩等情况，以及在学习和工作中表现出的素质潜能、模范作用、责任心、服务意识、团结协作精神等。

（六）遵纪守法。注重了解遵守法律法规和纪律规定、依法依规办事等情况。

（七）廉洁自律。注重了解遵守廉洁自律有关规定，做到公私分明、克己奉公，保持高尚情操、健康情趣等情况。

考察时，注意核实考察人选报名时提交的信息和材料是否真实、准确、完整，是否符合报考资格条件，是否具有应当回避的情形，身心健康状况，以及与招考职位的匹配度等情况。

第八条 对于下列人员，除了考察第七条规定的内容外，还应当注意考察与之相应的有关情况：

（一）对于服务基层项目人员，一般应当深入到项目组织单位和服务单位，了解在基层的工作表现和干部群众的认可程度以及考核等情况。

（二）对于高校毕业生退役士兵，一般应当到就读的高校和服役部队深入了解学习和服役期间的表现情况。

（三）对于具有国（境）外学习或者工作经历的人员，可以通过适当方式或者委托相关部门协助了解在国（境）外的学习、工作、社会交往等情况。

（四）对于报考机要、国家安全等涉密职位的人员，一般应当考察家庭成员和主要社会关系的有关情况。

（五）对于报考要求具有基层工作经历职位的人员，应当按照有关规定，严格甄别、准确认定其基层工作经历情况。

第九条 考察人选有下列情形之一的，不得确定为拟录用人员：

（一）有公务员法第二十六条所列情形的；

（二）有公务员法第五十九条所列行为的；

（三）不具备省级以上公务员主管部门确定的报考资格条件或者不符合招考职位有关要求的；

（四）因犯罪被单处罚金，或者犯罪情节轻微，人民检察院依法作出不起诉决定或者人民法院依法免予刑事处罚的；

（五）受到诫勉、组织处理或者党纪政务处分等影响期未满或者期满影响使用的；

（六）被开除中国共产主义青年团团籍的；

（七）被机关或者参照公务员法管理的机关（单位）辞退未满5年的；

（八）高等教育期间受到开除学籍处分的；

（九）在法律规定的国家考试中被认定有严重舞弊行为的；

（十）政治素质、道德品行、社会责任感、为民服务意识和社会信用情况较差，以及其他不宜录用为公务员的情形。

第十条 对考察人选应当进行实地考察，除特殊情况外，一般不得以函调、委托考察等形式代替。

根据实际需要，经省级以上公务员主管部门同意，考察工作可以适当前置。

第十一条 考察应当组成考察组。考察组由2人以上组成，一般由组织（人事）部门的人员和熟悉招考职位情况的人员共同组成。

考察组应当坚持原则、公道正派、深入细致，如实反映考察情况和意见，对形成的考察材料负责。考察组成员与考察人选之间有公务员法第七十四条第一款所列亲属关系和第七十六条所列情形之一的，应当报告并回避。

考察前，应当对考察组成员进行培训，提供考察人选的有关情况，明确考察内容、考察程序、工作要求和工作纪律等。

第十二条 考察工作一般按照下列程序进行：

（一）同考察人选所在单位（学校）或者相关单位沟通，确定考察的时间安排、步骤和有关要求等。

（二）根据考察人选的不同情况，通过适当方式在一定范围内发布考察公告。

（三）采取个别谈话、审核人事档案（学籍档案）、查询社会信用记录等方法，根据需要也可以进行民主测评、家访、见习考察、延伸考察等，广泛深入地了解考察人选情况。

（四）听取考察人选所在单位（学校）或者相关单位党组织、组织（人事）部门、纪检监察机关意见。

（五）同考察人选面谈，进一步了解其政治立场、思想品质、价值取向、见识见解、适应能力、性格特点、身体状况、心理素质等方面情况，以及缺点和不足，印证相关评价意见，了解个人有关事项，核实有关情况。

（六）综合分析考察情况，注重定性与定量相结合，根据一贯表现，全面、客观、公正地对考察人选作出评价，撰写考察材料。考察材料由考察组全体成员签名，所附证明材料应当注明出处，并由相关证明人签名或者加盖公章。

第十三条 考察工作应当在省级以上公务员主管部门规定的期限内完成。有下列情形之一的，完成期限可以适当延长，一般不得超过90日；情况复杂的，经省级以上公务员主管部门批准，可以再延长，但不得超过30日：

（一）涉嫌违纪违法正在接受审查调查尚未作出结论的；

（二）涉嫌违法犯罪且司法程序尚未终结的；

（三）线索具体、有可查性的信访举报尚未调查清楚的；

（四）人事档案（学籍档案）材料或者信息涉嫌造假尚未核准的；

（五）人事档案（学籍档案）中身份、年龄、工龄、党龄、学历、经历等存疑尚未查清的；

（六）其他需要延长考察期限的情形。

到规定的完成期限（含延长期限）时，有关审查调查或者司法程序仍未终结的，一般应当终止录用程序。

第十四条 招录机关根据考试成绩、体检结果和考察情况等，集体研究确定拟录用人员。

拟录用结果应当及时通知考察人选。考察人选有异议的，应当及时复核相关情况，并作出复核结论。

第十五条 考察人选达不到公务员应当具备的条件或者不符合招考职位要求时，是否递补考察人选、具体递补原则和办法，由省级以上公务员主管部门确定。

第十六条 实行考察工作责任制。因失察失责造成不良后果的，应当根据具体情况，按照有关规定追究相关单位和人员的责任。

组织实施机关、工作人员和考察人选以及考察人选所在单位（学校）相关人员等在考察工作中有违规违纪违法行为的，按照有关规定处理。

第十七条 考察工作接受监督。公务员主管部门、招录机关和相关部门应当及时受理信访、申诉、控告或者检举等，并按照规定权限和程序处理。

第十八条 参照公务员法管理的机关（单位）中除工勤人员以外的工作人员的录用考察，参照本办法执行。

经中央公务员主管部门同意，对有关招录机关录用考察工作另有规定的，从其规定。

第十九条 本办法由中共中央组织部负责解释。

第二十条 本办法自发布之日起施行。

公务员录用违规违纪行为处理办法

（2009年11月9日中共中央组织部、人力资源社会保障部制定　2016年9月6日中共中央组织部、人力资源社会保障部、国家公务员局修订　2021年8月25日中共中央组织部部务会会议修订　2021年9月18日中共中央组织部、人力资源社会保障部发布）

第一章　总　　则

第一条　为规范公务员录用违规违纪行为的认定与处理，维护公务员录用工作的公平公正，严把公务员队伍入口关，根据《中华人民共和国公务员法》和《公务员录用规定》等有关法律法规，制定本办法。

第二条　本办法适用于公务员录用中报考者和工作人员违规违纪行为的认定与处理。

第三条　公务员录用违规违纪行为的认定与处理，应当事实清楚、证据确凿、程序规范、适用规定准确。

第四条　公务员主管部门、招录机关和考试机构以及其他相关单位按照规定的职责权限，对违规违纪行为进行认定与处理。

第二章　报考者违规违纪行为处理

第五条　报考者提交的涉及报考资格的申请材料或者信息不实的，负责资格审查工作的招录机关或者公务员主管部门应当认定其报名无效，终止其录用程序；有恶意注册报名信息，扰乱报名秩序或者伪造、变造有关材料骗取报考资格等行为的，由设区的市级以上公务员主管部门给予其取消本次报考资格并五年内限制报考公务员的处理。

第六条　报考者在考试过程中有下列行为之一的，由具体组织实施考试的考试机构、招录机关或者公务员主管部门给予其所涉科目

（场次）考试成绩为零分的处理：

（一）将规定以外的物品带入考场，经提醒仍未按要求放在指定位置的；

（二）参加考试时未按规定时间入场、离场的；

（三）未在指定座位参加考试，或者擅自离开座位、出入考场的；

（四）未按规定填写（填涂）、录入本人或者考试相关信息，以及在规定以外的位置标注本人信息或者其他特殊标记的；

（五）故意损坏本人试卷、答题卡（答题纸）等考场配发材料或者本人使用的考试机等设施设备的；

（六）在考试开始信号发出前答题的，或者在考试结束信号发出后继续答题的；

（七）其他情节较轻的违规违纪行为。

第七条 报考者在考试过程中有下列行为之一的，由设区的市级以上公务员主管部门给予其取消本次考试资格并五年内限制报考公务员的处理：

（一）抄袭他人答题信息或者协助他人抄袭答题信息的；

（二）查看、偷听违规带入考场与考试有关的文字、视听资料的；

（三）使用禁止携带的通讯设备或者具有计算、存储功能电子设备的；

（四）携带具有避开或者突破考场防范作弊的安全管理措施，获取、记录、传递、接收、存储考试试题、答案等功能的程序、工具，以及专门用于作弊的程序、工具（以下简称作弊器材）的；

（五）抢夺、故意损坏他人试卷、答题卡（答题纸）、草稿纸等考场配发材料或者他人使用的考试机等设施设备的；

（六）违反规定将试卷、答题卡（答题纸）等考场配发材料带出考场的；

（七）其他情节严重、影响恶劣的违规违纪行为。

第八条 报考者在考试过程中有下列行为之一的，由省级以上公务员主管部门给予其取消本次考试资格并终身限制报考公务员的处理：

（一）使用伪造、变造或者盗用他人的居民身份证、准考证以及其他证明材料参加考试的；

（二）3 人以上串通作弊或者参与有组织作弊的；

（三）代替他人或者让他人代替自己参加考试的；

（四）使用本办法第七条第四项所列作弊器材的；

（五）非法侵入考试信息系统或者非法获取、删除、修改、增加系统数据的；

（六）其他情节特别严重、影响特别恶劣的违规违纪行为。

第九条 在阅卷过程中发现报考者之间同一科目作答内容雷同，并经阅卷专家组确认的，由具体组织实施考试的考试机构给予其该科目（场次）考试成绩为零分的处理，录用程序终止。作答内容雷同的认定方法和标准由省级以上考试机构确定。

报考者之间同一科目作答内容雷同，并有其他相关证据证明其作弊行为成立的，视具体情形按照本办法第七条、第八条的规定处理。

第十条 报考者有隐瞒影响录用的疾病或者病史以及其他妨碍体检工作正常进行的行为，情节较轻的，负责组织体检的招录机关或者公务员主管部门应当终止其录用程序；有交换、替换检验样本等情节严重、影响恶劣行为的，由设区的市级以上公务员主管部门给予其取消本次考试资格并五年内限制报考公务员的处理；有串通作弊、让他人顶替体检等情节特别严重、影响特别恶劣行为的，由省级以上公务员主管部门给予其取消本次考试资格并终身限制报考公务员的处理。

第十一条 报考者在考察、体能测评、心理素质测评等环节有弄虚作假、隐瞒事实真相以及其他妨碍相关工作正常进行的行为，情节较轻的，负责组织实施的招录机关或者公务员主管部门应当终止其录用程序；情节严重、影响恶劣的，由设区的市级以上公务员主管部门给予其取消本次考试资格并五年内限制报考公务员的处理；情节特别严重、影响特别恶劣的，由省级以上公务员主管部门给予其取消本次考试资格并终身限制报考公务员的处理。

第十二条 报考者应当自觉维护公务员录用工作秩序，有下列行为之一的，应当终止其录用程序；情节严重、影响恶劣的，由设区的市级以上公务员主管部门给予其取消本次考试资格并五年内限制报考公务员的处理；情节特别严重、影响特别恶劣的，由省级以上公务员主管部门给予其取消本次考试资格并终身限制报考公务员的处理：

（一）故意扰乱考点、考场等工作场所秩序的；

（二）拒绝、妨碍工作人员履行管理职责的；

（三）威胁、侮辱、诽谤、诬陷、殴打工作人员或者其他报考者的；

（四）通过搞利益输送或者利益交换，谋取考试资格、录用机会、经济利益以及其他不当利益的；

（五）购买本办法第七条第四项所列作弊器材的；

（六）其他扰乱公务员录用工作秩序的行为。

第十三条 报考者在公务员录用中有违规违纪行为，涉嫌违法犯罪的，移送有关国家机关依法处理。

报考者为国家公职人员的，应当将其违规违纪行为和处理结果通报所在单位。

第十四条 试用期间查明报考者有本办法所列违规违纪行为的，应当取消录用并按照本办法的有关规定给予其相应的处理。

任职定级后查明有本办法所列违规违纪行为的，按照有关规定给予其相应的处理。

第十五条 报考者有情节严重、影响恶劣或者情节特别严重、影响特别恶劣的违规违纪行为的，应当记入公务员录用诚信档案库，并按照有关规定进行信用信息共享等管理。

第三章 工作人员违规违纪行为处理

第十六条 有下列情形之一的，根据情节轻重，依规依纪依法追究负有责任的领导人员和直接责任人员责任；涉嫌违法犯罪的，移送有关国家机关依法处理：

（一）不按照规定的编制限额和职位要求进行录用的；

（二）不按照规定的任职资格条件和程序录用的；

（三）未经授权，擅自出台、变更录用政策，造成不良影响的；

（四）录用工作中徇私舞弊的；

（五）发生泄露试题、违反考场纪律以及其他影响公平、公正行为的。

第十七条 工作人员有下列情形之一的，根据情节轻重，依规依纪依法追究责任；涉嫌违法犯罪的，移送有关国家机关依法处理：

（一）泄露试题和其他录用秘密信息的；

（二）利用工作便利，伪造考试成绩或者其他录用工作有关资料的；

（三）利用工作便利，协助报考者作弊的；

（四）因工作失职，影响录用工作正常进行的；

（五）其他违反录用工作纪律的行为。

第四章　违规违纪行为处理程序

第十八条　报考者的违规违纪行为被当场发现的，工作人员应当予以制止，并收集、保存相应证据材料，如实记录违规违纪事实和现场处置情况，由2名以上工作人员签字，报送负责组织有关工作的公务员主管部门、招录机关或者考试机构。

第十九条　对报考者违规违纪行为作出处理决定前，应当告知报考者拟作出的处理决定以及相关事实、理由和依据，并告知报考者依法享有陈述和申辩的权利。作出处理决定的公务员主管部门、招录机关或者考试机构对报考者提出的事实、理由和证据，应当进行复核。

第二十条　对报考者违规违纪行为作出处理决定的，应当制作公务员录用违规违纪行为处理决定书，采取直接送达、委托送达、邮寄送达或者公告等方式送达。

对给予五年内限制报考公务员或者终身限制报考公务员处理的报考者，限制报考的日期自作出处理决定之日起计算。

第二十一条　报考者对违规违纪行为处理决定不服的，可以依法申请行政复议或者提起行政诉讼。

第二十二条　对工作人员违规违纪行为的处理，由相关单位按照职责权限和程序办理。

工作人员对违规违纪行为处理不服的，可以按照规定申请复核或者提出申诉等。

第五章　附　　则

第二十三条　报考者和工作人员以外的其他人员，有干扰公务员录用秩序等行为的，依据有关法律法规处理。

第二十四条 参照公务员法管理的机关（单位）中除工勤人员以外的工作人员录用中违规违纪行为的认定与处理，参照本办法执行。

第二十五条 本办法由中共中央组织部、人力资源社会保障部负责解释。

第二十六条 本办法自发布之日起施行。

附件：公务员录用违规违纪行为处理决定书（略）

公务员职务与职级并行规定

（2019年3月27日）

第一章 总 则

第一条 为了深化公务员分类改革，推行公务员职务与职级并行、职级与待遇挂钩制度，健全公务员激励保障机制，建设忠诚干净担当的高素质专业化公务员队伍，根据《中华人民共和国公务员法》等有关法律法规，制定本规定。

第二条 国家根据公务员职位类别和职责设置公务员领导职务和职级序列。

本规定所称职级，是公务员的等级序列，是与领导职务并行的晋升通道，体现公务员政治素质、业务能力、资历贡献，是确定工资、住房、医疗等待遇的重要依据，不具有领导职责。

公务员可以通过领导职务或者职级晋升。担任领导职务的公务员履行领导职责，不担任领导职务的职级公务员依据隶属关系接受领导指挥，履行职责。

第三条 实行公务员职务与职级并行制度旨在适应推进国家治理体系和治理能力现代化的要求，完善中国特色公务员制度，改革公务员职务设置办法，建立职级序列，畅通职级晋升通道，拓展职级晋升空间，促进公务员立足本职安心工作，加强专业化建设，激励公务员干事创业、担当作为。

第四条 公务员职务与职级并行制度坚持以马克思列宁主义、毛泽东思想、邓小平理论、“三个代表”重要思想、科学发展观、习近平新时代中国特色社会主义思想为指导，贯彻新时代党的组织路线，坚持党管干部原则，坚持德才兼备、以德为先，坚持五湖四海、任人唯贤，坚持事业为上、公道正派，坚持向基层倾斜，坚持严管和厚爱结合、激励和约束并重。

第五条 公务员职务与职级并行制度实施工作，由各级党委（党组）及其组织（人事）部门分级负责。中央公务员主管部门负责全国公务员职务与职级并行制度组织实施的宏观指导。县级以上地方各级公务员主管部门具体指导本辖区内公务员职务与职级并行制度的组织实施工作。

第二章 职务与职级序列

第六条 领导职务根据宪法、有关法律和机构规格设置。

领导职务层次分为：国家级正职、国家级副职、省部级正职、省部级副职、厅局级正职、厅局级副职、县处级正职、县处级副职、乡科级正职、乡科级副职。

第七条 职级序列按照综合管理类、专业技术类、行政执法类等公务员职位类别分别设置。

综合管理类公务员职级序列分为：一级巡视员、二级巡视员、一级调研员、二级调研员、三级调研员、四级调研员、一级主任科员、二级主任科员、三级主任科员、四级主任科员、一级科员、二级科员。

综合管理类以外其他职位类别公务员职级序列另行规定。

第八条 公务员领导职务、职级对应相应的级别。

领导职务对应的级别，按照国家有关规定执行。

综合管理类公务员职级对应的级别是：

（一）一级巡视员：十三级至八级；

（二）二级巡视员：十五级至十级；

（三）一级调研员：十七级至十一级；

（四）二级调研员：十八级至十二级；

（五）三级调研员：十九级至十三级；

（六）四级调研员：二十级至十四级；

（七）一级主任科员：二十一级至十五级；

（八）二级主任科员：二十二级至十六级；

（九）三级主任科员：二十三级至十七级；

（十）四级主任科员：二十四级至十八级；

（十一）一级科员：二十六级至十八级；

（十二）二级科员：二十七级至十九级。

第九条 厅局级以下领导职务对应的综合管理类公务员最低职级是：

（一）厅局级正职：一级巡视员；

（二）厅局级副职：二级巡视员；

（三）县处级正职：二级调研员；

（四）县处级副职：四级调研员；

（五）乡科级正职：二级主任科员；

（六）乡科级副职：四级主任科员。

第三章 职级设置与职数比例

第十条 综合管理类公务员职级按照下列规格设置：

（一）中央机关，省、自治区、直辖市机关设置一级巡视员以下职级；

（二）副省级城市机关设置一级巡视员以下职级，副省级城市的区领导班子设置一级、二级巡视员；

（三）市（地、州、盟）、直辖市的区领导班子设置一级巡视员，市（地、州、盟）、直辖市的区机关设置二级巡视员以下职级，副省级城市的区机关设置一级调研员以下职级；

（四）县（市、区、旗）领导班子设置二级巡视员、一级调研员、二级调研员、三级调研员，县（市、区、旗）、乡镇机关设置二级调研员以下职级。

第十一条 职级职数按照各类别公务员行政编制数量的一定比例核定。综合管理类公务员职级职数按照下列比例核定：

（一）中央机关一级、二级巡视员不超过机关综合管理类职位数量的12%，其中，正部级单位一级巡视员不超过一级、二级巡视员总数的40%，副部级单位一级巡视员不超过一级、二级巡视员总数的20%；一级至四级调研员不超过机关综合管理类职位数量的65%。

（二）省、自治区、直辖市机关一级、二级巡视员不超过机关综合管理类职位数量的5%，其中一级巡视员不超过一级、二级巡视员总数的30%；一级至四级调研员不超过机关综合管理类职位数量的45%。

（三）副省级城市机关一级、二级巡视员不超过机关综合管理类职位数量的2%，其中一级巡视员不超过一级、二级巡视员总数的30%；一级至四级调研员不超过机关综合管理类职位数量的43%，其中一级调研员不超过一级至四级调研员总数的20%。

（四）市（地、州、盟）、直辖市的区领导班子一级巡视员不超过领导班子职数的15%。市（地、州、盟）、直辖市的区机关二级巡视员不超过机关综合管理类职位数量的1%；一级至四级调研员不超过机关综合管理类职位数量的20%，其中一级、二级调研员不超过一级至四级调研员总数的40%，一级调研员不超过一级、二级调研员总数的50%；一级至四级主任科员不超过机关综合管理类职位数量的60%，其中一级、二级主任科员不超过一级至四级主任科员总数的50%。

（五）副省级城市的区领导班子一级、二级巡视员不超过领导班子职数的15%，其中一级巡视员不超过一级、二级巡视员总数的40%；副省级城市的区机关一级调研员以下职级职数，按照第四项规定执行。

（六）县（市、区、旗）领导班子二级巡视员不超过领导班子职数的10%，一级、二级调研员不超过领导班子职数的20%。县（市、区、旗）、乡镇机关二级调研员不超过机关综合管理类职位数量的2%；三级、四级调研员不超过机关综合管理类职位数量的10%，其中三级调研员不超过三级、四级调研员总数的40%；一级至四级主任科员不超过机关综合管理类职位数量的60%，其中一级、二级主任科员不超过一级至四级主任科员总数的50%。

中央和地方各级机关中个别情况特殊需要调整职级比例的，应当报中央公务员主管部门审批。中央机关和省级公务员主管部门根据工作需要和实际，可以对前款规定中未作区分的各职级层次的比例予以细化。

第十二条 中央和省级机关垂直管理的机构、市地级以上机关的直属单位或者派出机构，根据机构规格，参照第十条、第十一条规定，设置职级和核定职数。

直辖市的县领导班子和县、乡镇机关，副省级城市的乡镇机关，根据机构规格，由省级公务员主管部门参照第十条、第十一条规定，研究确定职级设置和比例。

第十三条 职级职数一般按照各机关分别核定。职数较少或者难以按照各机关分别核定的职级，由县级以上地方党委及其公务员主管部门根据实际情况和职级晋升审批权限，分级统筹核定和使用。市(地、州、盟)、直辖市的区、县（市、区、旗）的领导班子与所属部门职级职数分开统筹核定和使用。

省、自治区、直辖市党委可以统筹使用若干名一级巡视员职数，用于激励少数特别优秀的县（市、区、旗）党委书记。

第十四条 中央机关及其直属机构职级设置方案，报中央公务员主管部门备案；省级以下机关及其直属机构职级设置方案的审批或者备案程序，由省级公务员主管部门规定。

第四章 职级确定与升降

第十五条 公务员领导职务的任免与升降，按照有关规定执行。

第十六条 公务员的职级依据其德才表现、工作实绩和资历确定。

非领导职务公务员首次确定职级按照有关规定套转。新录用公务员按照有关规定确定一级主任科员以下及相当层次的职级。从国有企业、事业单位、人民团体和群众团体调任的人员，按照公务员调任有关规定，综合考虑其原任职务、调任职位和工作经历确定职级。机关接收的军队转业干部，按照国家军转安置有关规定确定职级。

第十七条 公务员晋升职级，应当在职级职数内逐级晋升，并且具备下列基本条件：

（一）政治素质好，拥护中国共产党的领导和社会主义制度，坚决维护习近平总书记核心地位，坚决维护党中央权威和集中统一领导；

（二）具备职位要求的工作能力和专业知识，忠于职守，勤勉尽责，勇于担当，工作实绩较好；

（三）群众公认度较高；

（四）符合拟晋升职级所要求的任职年限和资历；

（五）作风品行好，遵纪守法，自觉践行社会主义核心价值观，清正廉洁。

第十八条 公务员晋升职级，应当具备下列基本资格：

（一）晋升一级巡视员，应当任厅局级副职或者二级巡视员 4 年以上；

（二）晋升二级巡视员，应当任一级调研员 4 年以上；

（三）晋升一级调研员，应当任县处级正职或者二级调研员 3 年以上；

（四）晋升二级调研员，应当任三级调研员 2 年以上；

（五）晋升三级调研员，应当任县处级副职或者四级调研员 2 年以上；

（六）晋升四级调研员，应当任一级主任科员 2 年以上；

（七）晋升一级主任科员，应当任乡科级正职或者二级主任科员 2 年以上；

（八）晋升二级主任科员，应当任三级主任科员 2 年以上；

（九）晋升三级主任科员，应当任乡科级副职或者四级主任科员 2 年以上；

（十）晋升四级主任科员，应当任一级科员 2 年以上；

（十一）晋升一级科员，应当任二级科员 2 年以上。

公务员晋升职级应当根据工作需要、德才表现、职责轻重、工作实绩和资历等因素综合考虑，不是达到最低任职年限就必须晋升，也不能简单按照任职年限论资排辈，体现正确的用人导向。

第十九条 公务员晋升职级所要求任职年限的年度考核结果均应为称职以上等次，其间每有 1 个年度考核结果为优秀等次的，任职年限缩短半年；每有 1 个年度考核结果为基本称职等次或者不定等次的，该年度不计算为晋升职级的任职年限。

第二十条 公务员晋升职级按照下列程序办理：

（一）党委（党组）或者组织（人事）部门研究提出工作方案。

（二）对符合晋升职级资格条件的人员进行民主推荐或者民主测评，提出初步人选。

（三）考察了解并确定拟晋升职级人选。中央机关公务员晋升一级、二级巡视员，应当进行考察；晋升其他职级可以综合考虑民主推荐、民主测评与平时考核、年度考核、一贯表现等情况确定人选。省级以下机关公务员晋升职级的考察了解方式，由省级公务员主管部门结合实际研究确定。

（四）对拟晋升职级人选进行公示，公示期不少于5个工作日。

（五）审批。中央机关公务员晋升职级由本机关党组（党委）及其组织（人事）部门审批，一级、二级巡视员职级职数使用等情况按年度报中央公务员主管部门备案。省级以下机关公务员晋升职级的审批权限，由省级公务员主管部门提出意见，报省、自治区、直辖市党委审定。

各级机关中未限定职数比例的职级，其晋升程序可以适当简化。

第二十一条 公务员具有下列情形之一的，不得晋升职级：

（一）不符合第十七条、第十八条规定的；

（二）受到诫勉、组织处理或者处分等影响期未满或者期满影响使用的；

（三）涉嫌违纪违法正在接受审查调查尚未作出结论的；

（四）影响晋升职级的其他情形。

第二十二条 公务员职级实行能上能下，具有下列情形之一的，应当按照规定降低职级：

（一）不能胜任职位职责要求的；

（二）年度考核被确定为不称职等次的；

（三）受到降职处理或者撤职处分的；

（四）法律法规和党内法规规定的其他情形。

第二十三条 中央机关和地方各级公务员主管部门可以根据本章规定，按照落实好干部标准、从严管理干部和树立鼓励干事创业、担当作为导向的要求，结合实际细化公务员职级升降的条件和情形。

第五章 职级与待遇

第二十四条 领导职务与职级是确定公务员待遇的重要依据。公务员根据所任职级执行相应的工资标准，享受所在地区（部门）相应职务层次的住房、医疗、交通补贴、社会保险等待遇。

担任领导职务且兼任职级的公务员，按照就高原则享受有关待遇。

第二十五条 公务员晋升职级，不改变工作职位和领导指挥关系，不享受相应职务层次的政治待遇、工作待遇。因不胜任、不适宜担任现职免去领导职务的，按照其职级确定有关待遇，原政治待遇、工作待遇不再保留。

第二十六条 公务员因公出国出差的交通、住宿标准以及办公用房标准等待遇，不与职级挂钩。

第二十七条 县处级副职以上领导成员因换届不再提名、机构改革等原因免去领导职务转任职级的，保留原待遇，不改变干部管理权限。

第六章 管理与监督

第二十八条 担任领导职务且兼任职级的公务员，主要按照领导职务进行管理。

不担任领导职务的职级公务员一般由所在机关进行日常管理。公务员晋升至所在机关领导成员职务对应的职级，不作为该机关领导成员管理。

第二十九条 根据工作需要和领导职务与职级的对应关系，公务员担任的领导职务和职级可以互相转任、兼任；符合规定资格条件的，可以晋升领导职务或者职级。

第三十条 综合管理类、专业技术类、行政执法类等不同职位类别公务员之间可以交流，根据不同职位类别职级的对应关系确定职级。

第三十一条 机关应当严格执行公务员职务与职级并行制度，不得违反规定设置职级，不得超职数配备职级，不得随意放宽职级任职资格条件，不得违反规定提高或者降低职级待遇标准。对违反相关规定的，由县级以上党委或者公务员主管部门按照管理权限，区别不同情况，分别予以责令纠正或者宣布无效；对负有责任的领导人员和直接责任人员，根据情节轻重，给予批评教育、组织处理或者处分。

第七章　附　　则

第三十二条　参照公务员法管理的机关（单位）中除工勤人员以外的工作人员，参照本规定执行。

第三十三条　本规定由中共中央组织部负责解释。

第三十四条　本规定自2019年6月1日起施行。2006年4月9日中共中央、国务院印发的《〈中华人民共和国公务员法〉实施方案》附件四《综合管理类公务员非领导职务设置管理办法》和2015年1月15日中共中央办公厅、国务院办公厅印发的《关于县以下机关建立公务员职务与职级并行制度的意见》同时废止。

公务员考核规定

（2006年12月26日中共中央组织部部务会会议审议批准　2007年1月4日中共中央组织部、人事部发布　2020年12月8日中共中央组织部部务会会议修订　2020年12月28日中共中央组织部发布）

第一章　总　　则

第一条　为了准确评价公务员的德才表现和工作实绩，规范公务员考核工作，建设信念坚定、为民服务、勤政务实、敢于担当、清正廉洁的高素质专业化公务员队伍，根据《中华人民共和国公务员法》和有关法律法规，制定本规定。

第二条　公务员考核，是指机关按照规定的权限、标准和程序，对非领导成员公务员的政治素质、履职能力、工作实绩、作风表现等所进行的了解、核实和评价。

对领导成员的考核，由主管机关按照《党政领导干部考核工作条例》等有关规定办理。

第三条　公务员考核工作坚持以马克思列宁主义、毛泽东思想、邓小平理论、“三个代表”重要思想、科学发展观、习近平新时代中国特色社会主义思想为指导，贯彻新时代党的组织路线和干部工作方针政策，着眼于加强党对公务员队伍的集中统一领导、推进国家治理体系和治理能力现代化，把政治标准放在首位，突出考核公务员做好本职工作的实际成效，树立讲担当、重担当、改革创新、干事创业的鲜明导向，坚持下列原则：

（一）注重实绩、群众公认；

（二）客观公正、精准科学；

（三）分级分类、简便易行；

（四）奖惩分明、有效管用。

第二章　考核内容和标准

第四条　对公务员的考核，以公务员的职位职责和所承担的工作任务为基本依据，全面考核德、能、勤、绩、廉，重点考核政治素质和工作实绩。

（一）德。全面考核政治品质和道德品行，重点了解学习贯彻习近平新时代中国特色社会主义思想，坚定理想信念，坚守初心使命，忠于宪法、忠于国家、忠于人民，增强“四个意识”、坚定“四个自信”、做到“两个维护”的情况；带头践行社会主义核心价值观，恪守职业道德，遵守社会公德、家庭美德和个人品德等情况。

（二）能。全面考核适应新时代要求履职尽责的政治能力、工作能力和专业素养，重点了解政治鉴别能力、学习调研能力、依法行政能力、群众工作能力、沟通协调能力、贯彻执行能力、改革创新能力、应急处突能力等情况。

（三）勤。全面考核精神状态和工作作风，重点了解忠于职守，遵守工作纪律，爱岗敬业、勤勉尽责，敢于担当、甘于奉献等情况。

（四）绩。全面考核坚持以人民为中心，依法依规履行职位职责、承担急难险重任务等情况，重点了解完成工作的数量、质量、效率和所产生的效益等情况。

（五）廉。全面考核遵守廉洁从政规定，落实中央八项规定及其实施细则精神等情况，重点了解秉公用权、廉洁自律等情况。

第五条 公务员的考核分为平时考核、专项考核和定期考核等方式。定期考核以平时考核、专项考核为基础。

平时考核是对公务员日常工作和一贯表现所进行的经常性考核，一般按照个人小结、审核评鉴、结果反馈等程序进行。

专项考核是对公务员完成重要专项工作，承担急难险重任务和关键时刻的政治表现、担当精神、作用发挥、实际成效等情况所进行的针对性考核，可以按照了解核实、综合研判、结果反馈等程序进行，或者结合推进专项工作灵活安排。

定期考核采取年度考核的方式，是对公务员一个自然年度内总体表现所进行的综合性考核，在每年年末或者翌年年初进行。

第六条 年度考核结果分为优秀、称职、基本称职和不称职 4 个等次。

第七条 确定为优秀等次应当具备下列条件：

（一）思想政治素质高；

（二）精通业务，工作能力强；

（三）责任心强，勤勉尽责，工作作风好；

（四）圆满完成年度工作任务，工作实绩突出；

（五）清正廉洁。

第八条 确定为称职等次应当具备下列条件：

（一）思想政治素质较高；

（二）熟悉业务，工作能力较强；

（三）责任心强，工作积极，工作作风较好；

（四）能够完成本职工作；

（五）廉洁自律。

第九条 公务员有下列情形之一的，应当确定为基本称职等次：

（一）思想政治素质一般；

（二）履行职责的工作能力较弱；

（三）责任心一般，工作消极，或者工作作风方面存在明显不足；

（四）能基本完成本职工作，但完成工作的数量不足、质量和效率不高，或者在工作中有较大失误；

（五）能基本做到廉洁自律，但某些方面存在不足。

第十条 公务员有下列情形之一的，应当确定为不称职等次：

（一）思想政治素质较差；

（二）业务素质和工作能力不能适应工作要求；

（三）责任心缺失，工作不担当、不作为，或者工作作风差；

（四）不能完成工作任务，或者在工作中因严重失误、失职造成重大损失或者恶劣社会影响；

（五）存在不廉洁问题，且情形较为严重。

第十一条 公务员有受相应处分等特殊情形的，按照有关规定参加年度考核，不确定等次。

第十二条 公务员年度考核优秀等次人数，一般掌握在本机关应参加年度考核的公务员总人数的20%以内；经同级公务员主管部门审核同意，可以掌握在25%以内。优秀等次名额应当向获得表彰奖励以及基层一线、艰苦岗位公务员倾斜。

县级以上公务员主管部门对综合表现突出或者问题较多的机关，可以适当提高或者降低其优秀等次比例。

第三章 考核程序

第十三条 公务员考核由其所在机关组织实施。党委（党组）承担考核工作主体责任，组织（人事）部门承担具体工作责任。

机关在年度考核时可以设立考核委员会。考核委员会由本机关领导成员、组织（人事）部门、纪检监察机关及其他有关部门人员和公务员代表组成。

第十四条 年度考核一般按照下列程序进行：

（一）总结述职。公务员按照职位职责、年度目标任务和有关要求进行总结，在一定范围内述职，突出重点、简明扼要填写公务员年度考核登记表。

（二）民主测评。对担任机关内设机构领导职务的公务员，在一定范围内进行民主测评。根据需要，可以对其他公务员进行民主测评。

（三）了解核实。采取个别谈话、实地调研、服务对象评议等方式了解核实公务员有关情况。根据需要，听取纪检监察机关意见。

（四）审核评鉴。主管领导对公务员表现以及有关情况进行综合分析，有针对性地写出评语，提出考核等次建议和改进提高的要求。

（五）确定等次。由本机关负责人或者授权的考核委员会确定考核等次。对优秀等次公务员在本机关范围内公示，公示时间不少于 5 个工作日。考核结果以书面形式通知公务员，由公务员本人签署意见。

第十五条 年度考核确定为优秀等次的，应当从当年平时考核、专项考核结果好的公务员中产生。

第十六条 公务员对年度考核确定为不称职等次不服的，可以按照有关规定申请复核、申诉。

第十七条 各机关应当将公务员年度考核登记表存入公务员本人干部人事档案，同时将本机关公务员年度考核情况报送同级公务员主管部门。

第四章 考核结果运用

第十八条 公务员年度考核结果作为调整公务员职位、职务、职级、级别、工资以及公务员奖惩、培训、辞退的依据。

第十九条 公务员年度考核确定为优秀等次的，按照下列规定办理：

（一）当年给予嘉奖，在本机关范围内通报表扬；晋升上一职级所要求的任职年限缩短半年。

（二）连续三年确定为优秀等次的，记三等功；晋升职务职级时，在同等条件下优先考虑。

第二十条 公务员年度考核确定为称职以上等次的，按照下列规定办理：

（一）累计两年确定为称职以上等次的，在所定级别对应工资标准内晋升一个工资档次。

（二）累计五年确定为称职以上等次的，在所任职务职级对应级别范围内晋升一个级别。

（三）本考核年度计算为晋升职务职级的任职年限，同时符合规定的其他任职资格条件的，具有晋升职务职级的资格。

（四）享受年度考核奖金。

第二十一条 公务员年度考核确定为基本称职等次的，按照下列规定办理：

（一）对其进行诫勉，责令作出书面检查，限期改进。

（二）本考核年度不计算为按年度考核结果晋升级别和级别工资档次的考核年限。

（三）本考核年度不计算为晋升职务职级的任职年限；下一年内不得晋升职务职级。

（四）不享受年度考核奖金。

（五）连续两年确定为基本称职等次的，予以组织调整或者组织处理。

第二十二条 公务员年度考核确定为不称职等次的，按照下列规定办理：

（一）本考核年度不计算为晋升职务职级的任职年限；降低一个职务或者职级层次任职。

（二）本考核年度不计算为按年度考核结果晋升级别和级别工资档次的考核年限。

（三）不享受年度考核奖金。

（四）连续两年确定为不称职等次的，予以辞退。

第二十三条 参加年度考核不确定等次的，按照下列规定办理：

（一）本考核年度不计算为按年度考核结果晋升级别和级别工资档次的考核年限。

（二）不享受年度考核奖金。

（三）本考核年度不计算为晋升职务职级的任职年限；连续两年不确定等次的，视情况调整工作岗位。

第二十四条 公务员主管部门和公务员所在机关应当根据考核情况，有针对性地对公务员进行教育培训，帮助公务员改进提高。

第五章 相关事宜

第二十五条 新录用的公务员在试用期内参加年度考核，只写评语，不确定等次，作为任职、定级的依据。

第二十六条 调任或者转任的公务员，由其调任或者转任的现工作单位进行考核并确定等次。其调任或者转任前的有关情况，由原单位提供。

援派或者挂职锻炼的公务员，在援派或者挂职锻炼期间，一般由当年工作半年以上的地方或者单位进行考核，以适当方式听取派出单位或者接收单位的意见。

单位派出学习培训、参加专项工作的公务员，由派出单位进行考核，主要根据学习培训、专项工作表现确定等次。其学习培训、专项工作表现的相关情况，由学习培训和专项工作单位提供。

第二十七条 病、事假累计超过考核年度半年的公务员，参加考核，不确定等次。

第二十八条 公务员涉嫌违纪违法被立案审查调查尚未结案的，参加年度考核，不写评语、不确定等次。结案后，不给予处分或者给予警告处分的，按照规定补定等次。

第二十九条 受处分公务员的年度考核，按照下列规定办理：

（一）受警告处分的当年，参加年度考核，不得确定为优秀等次；

（二）受记过处分的当年，受记大过、降级、撤职处分的当年及第二年，参加年度考核，只写评语，不确定等次。

第三十条 受党纪处分和组织处理、诫勉的公务员参加年度考核，按照有关规定办理。

受政务处分的公务员参加年度考核，按照本规定第二十八条、第二十九条规定办理。

同时受党纪处分、政务处分或者所在机关给予处分、组织处理的，按照对其考核结果影响较重的处分确定受处分影响期间考核结果。

第三十一条 公务员应当按照规定参加考核。对无正当理由不参加年度考核的公务员，经教育后仍然拒绝参加的，直接确定其考核结果为不称职等次。

考核中发现公务员存在违纪违法问题线索的，移送纪检监察、司法机关处理。

第三十二条 县级以上公务员主管部门负责本辖区内公务员考核工作的综合管理和指导监督，每年按照不少于机关总数10%的比例，对本辖区内各机关公务员考核工作进行核查了解。

对在考核过程中有徇私舞弊、打击报复、弄虚作假等违纪违法行为的，依照有关规定予以严肃处理。

第三十三条 机关应当结合实际，运用互联网技术和信息化手段简便高效开展公务员考核工作。

第三十四条 公务员考核工作所需经费，列入同级财政预算，予以保障。

第六章 附 则

第三十五条 参照公务员法管理的机关（单位）中除工勤人员以外的工作人员的考核，参照本规定执行。各地区各部门可结合实际制定具体的实施细则。

第三十六条 本规定由中共中央组织部负责解释。

第三十七条 本规定自发布之日起施行。

附件：公务员年度考核登记表（略）

公务员奖励规定

（2007年12月25日中共中央组织部部务会会议审议批准 2008年1月4日中共中央组织部、人事部发布 2020年12月8日中共中央组织部部务会会议修订 2020年12月28日中共中央组织部发布）

第一章 总 则

第一条 为了加强和规范公务员奖励工作，建设信念坚定、为民服务、勤政务实、敢于担当、清正廉洁的高素质专业化公务员队伍，根据《中华人民共和国公务员法》等有关法律法规，制定本规定。

第二条 公务员奖励，是指对政治素质过硬，工作表现突出，有显著成绩和贡献，或者有其他突出事迹的公务员、公务员集体，依据本规定给予的奖励。

公务员集体的奖励适用于按照编制序列设置的机构或者为完成专项任务组成的工作集体。

第三条 公务员奖励工作坚持以马克思列宁主义、毛泽东思想、邓小平理论、“三个代表”重要思想、科学发展观、习近平新时代中国特色社会主义思想为指导，贯彻新时代党的组织路线和干部工作方针政策，适应推进国家治理体系和治理能力现代化需要，服务党和国家工作大局，把政治标准放在首位，强化正向激励，弘扬奋斗精神，发挥先进典型引领作用，坚持下列原则：

（一）以德为先，突出功绩导向；

（二）依法依规，做到公开、公平、公正；

（三）发扬民主，注重群众公认；

（四）定期奖励与及时奖励相结合，精神奖励与物质奖励相结合、以精神奖励为主。

第四条 中央公务员主管部门负责全国公务员奖励的综合管理工作。县级以上地方各级公务员主管部门负责本辖区内公务员奖励的综合管理工作。上级公务员主管部门指导下级公务员主管部门的公务员奖励工作。各级公务员主管部门指导同级各机关的公务员奖励工作。

第二章 奖励的条件和种类

第五条 公务员、公务员集体有下列情形之一的，给予奖励：

（一）忠于职守，积极工作，勇于担当，工作实绩显著的；

（二）遵纪守法，廉洁奉公，作风正派，办事公道，模范作用突出的；

（三）在工作中有发明创造或者提出合理化建议，取得显著经济效益或者社会效益的；

（四）为增进民族团结，维护社会稳定做出突出贡献的；

（五）爱护公共财产，节约国家资财有突出成绩的；

（六）防止或者消除事故有功，使国家和人民群众利益免受或者减少损失的；

（七）在抢险、救灾等特定环境中做出突出贡献的；

（八）同违纪违法行为作斗争有功绩的；

（九）在对外交往中为国家争得荣誉和利益的；

（十）有其他突出功绩的。

第六条 对公务员、公务员集体的奖励分为：嘉奖、记三等功、记二等功、记一等功、授予称号。

(一) 对表现突出的，给予嘉奖；

(二) 对做出较大贡献的，记三等功；

(三) 对做出重大贡献的，记二等功；

(四) 对做出杰出贡献的，记一等功；

(五) 对功绩卓著的，授予“人民满意的公务员”、“人民满意的公务员集体”等称号。

第三章 奖励的权限和程序

第七条 给予公务员、公务员集体的奖励，经同级公务员主管部门或者市（地）级以上机关干部人事部门审核后，按照下列权限审批：

(一) 嘉奖、记三等功，由县级以上党委和政府或者市（地）级以上机关批准。

(二) 记二等功，由市（地）级以上党委和政府或者省级以上机关批准。

(三) 记一等功，由省级党委和政府或者中央和国家机关批准。

经省委同意，副省级城市党委和政府可以对本地区公务员、公务员集体给予记一等功奖励。

(四) 授予称号，由省级以上党委和政府批准。

对下级单位实行垂直管理或者实行双重领导并以上级单位领导为主的机关，可以按照奖励权限，对本系统公务员、公务员集体给予奖励。

市（地）级以上机关可以按照奖励权限，对本系统公务员、公务员集体开展及时奖励。

由市（地）级以上机关审批的奖励，应当事先将奖励实施方案报同级公务员主管部门审核。

第八条 给予公务员、公务员集体奖励，一般按下列程序进行：

(一) 公务员、公务员集体做出显著成绩和贡献需要奖励的，由所在机关（部门）在征求群众意见的基础上，提出奖励建议；

(二) 按照规定的奖励审批权限上报；

(三) 审核机关（部门）审核后，在一定范围内公示不少于 5 个工作日。如涉及国家秘密不宜公示的，按照有关规定不予公示；

（四）审批机关批准，并予以公布。

《公务员奖励审批表》存入公务员本人干部人事档案；《公务员集体奖励审批表》存入获奖集体所在机关文书档案。

开展及时奖励可以适当简化程序，必要时由审批机关直接确定奖励对象。

第九条 审批机关给予公务员、公务员集体奖励，必要时，应当按照干部管理权限，征得主管机关同意，并征求纪检监察机关和有关部门意见。

第四章 奖励的实施

第十条 对在本职工作中表现突出、有显著成绩的，应当定期给予奖励。其中，对年度考核被确定为优秀等次的公务员，予以嘉奖；连续3年被确定为优秀等次的，记三等功。授予称号，一般每3至5年开展一次。

对在处理突发事件和承担专项重要工作中做出显著成绩的，应当及时给予奖励。奖励种类和数量根据相关工作重要程度和成效、参与工作人员贡献和数量等因素确定。

对符合奖励条件的已故人员，可以追授奖励。

第十一条 对获得奖励的公务员、公务员集体，由审批机关颁布奖励决定，颁发奖励证书。同时对获得记三等功以上奖励的公务员颁发奖章、公务员集体颁发奖牌。

公务员、公务员集体的奖励证书、奖章和奖牌，按照规定的式样、规格、质地，由省级以上公务员主管部门统一制作或者监制。

第十二条 对获得奖励的公务员，按照规定标准给予一次性奖金。中央公务员主管部门会同国务院财政部门，根据国家经济社会发展水平，适时调整公务员奖金标准。

公务员奖励所需经费，应当列入各部门预算，予以保障。

第十三条 公务员奖励作为公务员考核和晋升职务职级的重要参考。

对在处理突发事件和承担专项重要工作中做出显著成绩、获得记三等功以上奖励的公务员，当年年度考核确定优秀等次时予以倾斜。获得记三等功以上奖励的公务员集体，按照有关规定可以适当提高当年年度考核优秀等次比例。对获得记二等功以上奖励的公务员、公务员集体所属工作人员，可以由公务员主管部门或者所在机关组织开展休假疗养、学习培训、参观考察等活动。

获得“人民满意的公务员”称号的公务员，按照有关规定享受省部级以上表彰奖励获得者待遇。

第十四条　采取多种形式，广泛宣传获得奖励的公务员、公务员集体先进事迹。重大典型事迹编入公务员培训教材，列入公务员培训内容。

第十五条　公务员奖励应当严格标准、控制数量，注重向基层和工作一线倾斜。

第十六条　对获得奖励的公务员、公务员集体，可以采取适当形式予以表彰。授予公务员、公务员集体称号，一般应当召开表彰大会。表彰形式应当庄重、节俭。

第十七条　按照国家规定，可以向参与特定时期、特定领域重大工作的公务员颁发纪念证书或者纪念章。

第五章　奖励的监督

第十八条　各地区各部门不得自行设立本规定之外的其他种类的公务员奖励，不得违反规定标准发放奖金，不得重复发放奖金。

第十九条　公务员、公务员集体因涉嫌违纪违法正在接受组织调查的，暂停实施奖励。具有下列情形之一的，应当撤销奖励：

（一）弄虚作假，骗取奖励的；

（二）申报奖励时隐瞒严重错误或者严重违反规定程序的；

（三）有严重违纪违法等行为，影响称号声誉的；

（四）有法律、法规规定应当撤销奖励的其他情形的。

第二十条　撤销奖励，由原申报机关按程序报审批机关批准，由审批机关作出撤销决定，并在一定范围内通报。必要时，审批机关可以直接撤销奖励。

公务员、公务员集体获得的奖励被撤销后，审批机关应当收回并注销奖励证书、奖章或者奖牌，停止其享受的有关待遇。撤销奖励的决定存入公务员本人干部人事档案或者公务员集体所在机关文书档案。

第二十一条 公务员主管部门和有关机关应当及时受理对公务员奖励工作的举报，并按照有关规定处理。

对在公务员奖励工作中徇私舞弊、弄虚作假或者有其他违纪违法行为的，依规依纪依法追究负有责任的领导人员和直接责任人员责任。

第二十二条 市（地）级以上机关应当将上一年度实施公务员奖励工作情况，报送同级公务员主管部门备案。县级以上公务员主管部门将本地区上一年度实施公务员奖励工作情况，报送上级公务员主管部门备案。

第六章 附 则

第二十三条 参照公务员法管理的机关（单位）中除工勤人员以外的工作人员和集体的奖励，参照本规定执行。

第二十四条 本规定由中共中央组织部负责解释。

第二十五条 本规定自发布之日起施行。

附件： 1. 公务员奖励审批表（略）

2. 公务员集体奖励审批表（略）

3. 公务员奖励证书、奖章、奖牌式样（略）

公务员培训规定

（2008 年 6 月 27 日中共中央组织部、人力资源社会保障部制定 2019 年 10 月 15 日中共中央组织部修订 2019 年 11 月 26 日发布）

第一章 总 则

第一条 为推进公务员培训工作科学化、制度化、规范化，建设信念坚定、为民服务、勤政务实、敢于担当、清正廉洁的高素质专业化公务员队伍，根据《中华人民共和国公务员法》、《干部教育培训工作条例》和有关法律法规，制定本规定。

第二条 公务员培训必须把学习贯彻习近平新时代中国特色社会主义思想作为首要任务，把提高治理能力作为重大任务，加强思想淬炼、政治历练、实践锻炼、专业训练，高质量培训公务员、高水平服务党和国家事业发展，体现不同类别、不同层级、不同岗位公务员能力素质需要，着力增强时代性、针对性、有效性。

第三条 公务员培训坚持以马克思列宁主义、毛泽东思想、邓小平理论、“三个代表”重要思想、科学发展观、习近平新时代中国特色社会主义思想为指导，贯彻新时代中国共产党的组织路线，坚持下列原则：

（一）党管干部；

（二）政治统领，服务大局；

（三）以德为先，从严管理；

（四）突出重点，注重实效；

（五）分类分级，精准科学；

（六）联系实际，改革创新。

第四条 公务员培训情况、学习成绩作为公务员考核的内容和任职、晋升的依据之一。

第五条 中央公务员主管部门负责全国公务员培训的综合管理工作。

中央和国家机关各部门按照职责分工，负责相关的公务员培训工作，指导本行业本系统公务员培训。

地方各级公务员主管部门负责本辖区公务员培训的综合管理工作。

地方各级公务员所在机关按照干部管理权限，负责组织实施本机关的公务员培训工作。

公务员主管部门应当会同有关部门对公务员培训工作进行监督检查，制止和纠正违反本规定的行为，并对有关责任人员提出处理意见和建议。

第二章 培训对象

第六条 公务员有接受培训的权利和义务。

第七条 公务员培训的对象是全体公务员。公务员主管部门和公务员所在机关根据公务员工作岗位和职业发展需要安排公务员参加相应的培训。

担任县处级以上领导职务的公务员每 5 年应当参加党校（行政学院）、干部学院，以及经公务员主管部门或者公务员所在机关认可的其他培训机构累计 3 个月或者 550 学时以上的培训。提拔担任领导职务的公务员，确因特殊情况在提任前未达到培训要求的，应当在提任后 1 年内完成培训。

其他公务员参加培训的时间一般每年累计不少于 12 天或者 90 学时。

有计划地加强对优秀年轻公务员的培训。

第八条 公务员应当服从组织调训，遵守培训的规章制度，完成规定的培训任务。培训经考核合格后，获得相应的培训结业证书。

公务员参加培训期间违反培训有关规定和纪律的，视情节轻重，给予批评教育、责令检查、诫勉、组织调整或者组织处理、处分。弄虚作假获取培训经历、学历或者学位的，按照有关规定严肃处理。

第九条 公务员按规定参加组织选派的脱产培训期间，其工资和各项福利待遇与在岗人员相同，一般不承担所在机关的日常工作、出国（境）考察等任务。因特殊情况确需请假的，必须严格履行手续。

公务员个人参加社会化培训，费用一律由本人承担，不得由财政经费和单位经费报销，不得接受任何机构和他人的资助或者变相资助。

第三章 培训内容

第十条 突出政治素质，把深入学习贯彻习近平新时代中国特色社会主义思想作为公务员培训的重中之重，持续加强党的理论和路线方针政策、理想信念教育，强化党史、新中国史、改革开放史学习，引导公务员增强“四个意识”，坚定“四个自信”，做到“两个维护”，自觉在思想上政治上行动上同以习近平同志为核心的党中央保持高度一致。

第十一条 围绕中心，服务大局，培养公务员专业能力、专业精神，提高制度执行力和治理能力。加强形势任务教育，紧扣统筹推进“五位一体”总体布局和协调推进“四个全面”战略布局、贯彻落实新发展理念、深化供给侧结构性改革、实施七大战略、打赢三大攻坚战和推动“一带一路”建设等党中央重大决策部署，根据岗位特点和工作要求，有针对性地开展履行岗位职责所必备的能力素质、知识体系培训和廉政警示、职业道德教育，引导公务员强化宗旨意识，发扬斗争精神，勇于担当作为，不断提高用习近平新时代中国特色社会主义思想指导分析和解决问题、适应新时代中国特色社会主义发展要求的能力。

第十二条　推进分类分级培训，加强培训需求调研。

综合管理类公务员，强化公共管理和公共服务等培训。专业技术类公务员，强化专业知识和专业技能等培训。行政执法类公务员，强化法律法规和执法技能等培训。

领导机关公务员，强化政策制定、调查研究等能力培训。基层公务员，强化社会治理、联系服务群众等能力培训。

第四章　培 训 类 型

第十三条　公务员培训主要分为初任培训、任职培训、专门业务培训和在职培训等。

第十四条　初任培训是对新录用公务员进行的培训，重点提高其思想政治素质和依法依规办事等适应机关工作的能力。

初任培训由公务员主管部门统一组织，主要采取公务员主管部门统一举办初任培训班和公务员所在机关结合实际开展入职培训的形式进行。专业性较强的机关按照公务员主管部门的统一要求，可自行组织初任培训。

初任培训中应当组织新录用公务员公开进行宪法宣誓。

初任培训应当在试用期内完成，时间一般不少于12天。

第十五条　任职培训是按照新任职务的要求，对晋升领导职务的公务员进行的培训，重点提高其胜任职务的政治能力和领导能力。

任职培训应当在公务员任职前或者任职后一年内进行。

担任县处级副职以上领导职务的公务员任职培训时间一般不少于

30天，担任乡科级领导职务的公务员任职培训时间一般不少于15天。

调入机关任领导职务的公务员，依照前款规定参加任职培训。

第十六条 专门业务培训是根据公务员从事专项工作的需要进行的专业知识和技能培训，重点提高公务员的业务工作能力。

专门业务培训的时间和要求由公务员所在机关根据需要确定。

中央公务员主管部门对专业技术类、行政执法类公务员专门业务培训加强宏观指导。

第十七条 在职培训是对全体公务员进行的培训，目的是及时学习领会党中央决策部署、提高政治素质和工作能力、更新知识。

在职培训重点增强公务员素质能力培养的系统性、持续性、针对性、有效性，时间和要求由各级公务员主管部门和公务员所在机关根据需要确定。

第十八条 没有参加初任培训或者初任培训考核不合格的新录用公务员，不能任职定级。

没有参加任职培训或者任职培训考核不合格的公务员，应当根据不同情况，按有关规定处理。

专门业务培训考核不合格的公务员，不得从事专门业务工作。

公务员因故未按规定参加培训或者未达到培训要求的，应当及时补训。无正当理由不参加培训的公务员，根据情节轻重，给予批评教育、责令检查、诫勉、组织调整或者组织处理、处分。培训考核不合格的，年度考核不得确定为优秀等次。

第五章 培训方式与方法

第十九条 坚持和完善组织调训制度。

公务员主管部门负责制定公务员调训计划，选调公务员参加脱产培训。公务员所在机关按照计划完成调训任务。

第二十条 建立健全公务员在职自学制度。

鼓励公务员本着工作需要、学用一致的原则参加有关学历学位教育和其他学习。其中，参加学历学位教育应当按照干部管理权限履行审批程序。

公务员所在机关应当为公务员在职自学提供必要的条件。

第二十一条 充分运用现代信息技术，完善公务员网络培训制度，建设精品课程库，提高培训教学和管理的信息化水平。

第二十二条 公务员主管部门根据工作需要，严格规范和改进公务员境外培训工作，突出重点、注重实效，择优选派培训对象，合理确定培训机构，严格培训过程管理和效果评价。

第二十三条 公务员培训应当根据内容要求和公务员特点，综合运用讲授式、研讨式、案例式、模拟式、体验式等教学方法，实现教学相长、学学相长。

引导和支持公务员培训方式方法创新。

第六章 培训保障

第二十四条 建强培训保障体系，确保培训任务完成，提升培训质量。

第二十五条 加强公务员培训机构建设，构建分工明确、优势互补、布局合理、竞争有序的公务员培训机构体系。鼓励公务员培训机构开展交流协作，推动优质培训资源共享。

第二十六条 党校（行政学院）、干部学院和社会主义学院应当按照职能分工开展公务员培训工作。

部门和系统的公务员培训机构，应当按照各自职责，承担本部门和本系统的公务员培训任务，也可以根据需要接受委托培训。

公务员主管部门和公务员所在机关可以委托符合条件的高等学校、科研院所、社会培训机构等承担公务员培训任务。

公务员培训机构必须贯彻执行党和国家干部教育培训方针政策和法律法规。对违反规定的，由有关部门责令限期整改，逾期不改的给予通报批评；情节严重的，由有关部门对负有责任的领导人员和直接责任人员给予处分，对有关社会培训机构建立退出机制。

统筹用好干部党性教育基地、党员教育基地、公务员实践教育基地、爱国主义教育基地等。

第二十七条 按照政治合格、素质优良、规模适当、结构合理、专兼结合的原则，加强师资队伍建设。

省级以上公务员主管部门应当采取适当形式建立完善公务员培训

师资库，建立准入和退出机制。

从事公务员培训工作的教师，必须对党忠诚、政治坚定，严守纪律、严谨治学，具有良好的职业道德修养、较高的理论政策水平、扎实的专业知识基础，有一定的实际工作经验。必须严守讲坛纪律，不得传播违反党的理论和路线方针政策、违反中央决定的错误观点。对违反讲坛纪律的，给予批评教育直至处分。

第二十八条 建立科学规范、务实管用、各具特色的公务员培训教材体系，适应不同类别、不同层级、不同岗位公务员学习的需要。

第二十九条 通过培训、交流等措施加强公务员培训管理者队伍建设。加强公务员培训理论研究。

第三十条 公务员培训所需经费列入各级政府年度财政预算，并随着财政收入增长逐步提高。对重要培训项目予以重点保证。

加强对公务员培训经费的管理，完善有关规定，厉行勤俭节约，保证专款专用，提高培训经费使用效益。

第三十一条 充分发挥不同区域互补优势，积极促进各地区公务员培训交流合作。加强公务员对口培训，加大对革命老区、民族地区、边疆地区、贫困地区公务员培训支持力度，推动优质培训资源向基层延伸倾斜。

第七章　培训登记与评估

第三十二条 公务员的培训实行登记管理。

公务员所在机关建立和完善公务员培训档案，对公务员参加培训的种类、内容、时间和考试考核结果等情况进行登记。

公务员参加脱产培训情况应当记入公务员年度考核登记表，参加2个月以上的脱产培训情况应当记入干部任免审批表。

第三十三条 公务员培训的考核一般由培训主办单位或者培训机构实施，并将考核情况及时反馈公务员所在机关。

第三十四条 公务员主管部门负责对公务员培训机构进行评估，评估内容主要包括办学方针、培训质量、师资队伍、组织管理、学风建设、基础设施、经费保障等。

公务员培训主办单位要对培训班进行评估，也可委托培训机构进行，评估内容主要包括培训设计、培训实施、培训管理和培训效果等。

评估结果作为改进培训工作、提高培训质量的重要依据。

第八章 附 则

第三十五条 参照公务员法管理的机关（单位）中除工勤人员以外的工作人员的培训，参照本规定执行。

第三十六条 本规定由中共中央组织部负责解释。

第三十七条 本规定自 2019 年 11 月 26 日起施行。

公务员调任规定

（2008 年 2 月 29 日中共中央组织部、人事部制定 2019 年 10 月 15 日中共中央组织部修订 2019 年 11 月 26 日发布）

第一章 总 则

第一条 为拓宽选人视野和渠道，优化公务员队伍结构，规范公务员调任工作，建设信念坚定、为民服务、勤政务实、敢于担当、清正廉洁的高素质专业化公务员队伍，根据《中华人民共和国公务员法》（以下简称公务员法）和有关法律法规，制定本规定。

第二条 本规定所称调任，是指国有企业、高等院校和科研院所以及其他不参照公务员法管理的事业单位中从事公务的人员调入机关担任领导职务或者四级调研员以上及其他相当层次的职级。

调任职级公务员应当主要补充机关紧缺的优秀专业人才。

调任领导成员另有规定的，从其规定。

第三条 公务员调任坚持以马克思列宁主义、毛泽东思想、邓小平理论、“三个代表”重要思想、科学发展观、习近平新时代中国特色社会主义思想为指导，贯彻新时代中国共产党的组织路线和干部工作方针政策，突出政治标准，根据工作和队伍建设需要以及资格条件，坚持组织安排与个人意愿相结合，从严掌握，择优任用，坚持下列原则：

（一）党管干部；

（二）德才兼备、以德为先，五湖四海、任人唯贤；

（三）事业为上、人岗相适、人事相宜；

（四）公道正派、注重实绩、群众公认；

（五）依法依规办事。

第四条 调任应当在规定的编制限额和职数内进行，并有相应的职位空缺。

第五条 各级公务员主管部门按照管理权限和职责分工负责公务员调任工作的综合管理和监督检查。

第二章 调任资格条件

第六条 调任人选除应当具备公务员法第十三条规定的条件外，还应当具备下列资格条件：

（一）政治立场坚定、政治素质过硬，增强“四个意识”、坚定“四个自信”、做到“两个维护”。

（二）具有胜任工作的能力素质、文化水平和专业素养，勤奋敬业、实绩突出。

（三）具有与拟调任职位要求相当的工作经历和任职资历。

（四）具备公务员法及其配套法规规定的晋升至拟任职务职级累计所需的最低工作年限。

专业技术人员调入机关任职的，应当担任副高级专业技术职务 2 年以上，或者已担任正高级专业技术职务。

（五）调入中央机关、省级机关任职的，应当具有大学本科以上文化程度；调入市（地）级以下机关任职的，应当具有大学专科以上文化程度。

（六）调任厅局级领导职务或者一级、二级巡视员及其他相当层次职级的，原则上不超过 55 周岁；调任县处级领导职务、县级和乡镇机关乡科级领导职务或者一级至四级调研员及其他相当层次职级的，原则上不超过 50 周岁；调任其他乡科级领导职务的，原则上不超过 45 周岁。

（七）符合法律、法规、章程规定的其他条件。

因工作特殊需要，前款第（四）、（五）、（六）项所列条件需适当调整的，应当符合下列情形之一：领导班子结构需要或者调任职位有特殊要求的；专业性较强的岗位或者重要专项工作急需的；艰苦边远地区、贫困地区急需引进的。调整时，市（地）级以下机关应当按照干部管理权限报上一级公务员主管部门批准同意，省级以上机关应当按照干部管理权限报同级公务员主管部门批准同意。

必要时，省级公务员主管部门可根据本地区干部人才队伍实际，对第一款第（四）、（五）、（六）项条件作统一规定，报中央公务员主管部门同意后实施。

第七条　公务员调出机关后拟再调入机关担任高于调出机关时所任职务职级的，应当具备从调出机关时所任职务职级晋升至拟调任职务职级所需的任职资格年限。

第八条　有下列情形之一的人员，不得调任：

（一）因犯罪受过刑事处罚的；

（二）被开除中国共产党党籍的；

（三）被开除公职的；

（四）被依法列为失信联合惩戒对象的；

（五）涉嫌违纪违法正在接受有关专门机关审查尚未作出结论的；

（六）受处分期间或者未满影响期限的；

（七）正在接受审计机关审计的；

（八）法律、法规规定的其他情形。

第三章　调任程序

第九条　调任按照以下程序进行：

（一）根据工作和队伍建设需要确定调任职位及调任条件；

（二）提出调任人选；

（三）征求调出单位意见；

（四）组织考察；

（五）集体讨论决定；

（六）调任公示；

（七）报批或者备案；

（八）办理调动、任职和公务员登记手续。

第十条 根据调任职位的要求，调任人选通过组织推荐方式产生。必要时，可以对调任人选进行考试。

第十一条 对调任人选应当进行严格考察，依据调任资格条件和调任职位的职责要求，全面考察德、能、勤、绩、廉等方面表现，突出政治标准，注重了解政治理论学习、制度执行力和治理能力情况，深入考察政治忠诚、政治定力、政治担当、政治能力、政治自律等方面情况，严把政治关、品行关、能力关、作风关、廉洁关，并形成书面考察材料。考察材料应当写实，评判应当全面、准确、客观，用具体事例反映调任人选的情况。

考察时，应当采取个别谈话、实地走访、同调任人选面谈等方法，根据需要也可以进行专项调查、延伸考察等，听取调任人选所在单位有关领导、群众和组织（人事）部门、纪检监察机关、机关党组织的意见，审核干部人事档案，查核个人有关事项报告，查询社会信用记录，对反映问题线索具体、有可查性的信访举报进行核查。所在单位应予积极配合，并提供客观、真实反映调任人选现实表现和廉政情况的材料。材料由调任人选所在单位党委（党组）提出结论性意见，必要时，由党委（党组）书记、纪委书记（纪检监察组组长）签字。

第十二条 根据考察情况集体讨论决定拟调任人员，并按照任前公示制有关规定在调出、调入单位予以公示。公示期不少于五个工作日。

第十三条 公示期满，对没有反映问题或者反映问题不影响调任的，按规定程序进行审批或者备案；对反映有严重问题未经查实的，待查实并作出结论后再决定是否调任。

第十四条 按照干部管理权限确定拟调任人员后，调入机关按照规定的权限办理审批或者备案。

地方省级以下机关调任公务员应当报市（地）级以上公务员主管部门审批。

呈报审批、备案的材料应当包括请示、公务员调任审批（备案）表、考察材料、调出单位意见和纪检监察机关提供的廉政情况；按规定需要进行经济责任审计的人员，应当对其进行审计，并提供审计机关的审计结论。

调任人员审批、备案后，办理调动手续，并按有关规定进行公务员登记。

第十五条 调任人员的级别和有关待遇，根据其调任职务职级，结合本人原任职务、工作经历、文化程度等条件，比照调入机关同等条件人员确定。

第十六条 调任人员除由国家权力机关依法任命职务的以外，一般实行任职试用期制，试用期为一年。试用期满考核合格的，正式任职；考核不合格的，另行安排工作。

第四章 纪律与监督

第十七条 调任应当遵守下列纪律：

（一）调任审批或者备案机关应当严格履行职责，认真审核把关，不得随意降低标准，放宽条件；

（二）调入机关应当严格履行有关程序，按照干部管理权限集体讨论决定，不得个人或者少数人说了算，弄虚作假，搞不正之风，不得将调任用于人员安置、解决待遇，不得突击调任人员；

（三）调出单位应当严格执行干部人事管理工作的有关法规、政策，提供真实情况，不得突击提拔；

（四）参加考察的人员应当如实反映考察情况和意见，不得隐瞒、歪曲事实真相；

（五）调任人员应当遵守有关规定，接到调动通知后，在规定期限内办理行政、工资关系等有关手续。

第十八条 调任工作中存在应当回避情形的，按照有关规定执行。

第十九条 对违反本规定的调任事项，呈报的不予批准，已经作出决定的宣布无效；对负有责任的领导人员和直接责任人员，根据情节轻重，给予批评教育、责令检查、诫勉、组织调整或者组织处理；涉嫌违纪违法需要追究责任的，依规依纪依法予以处分；涉嫌犯罪的，移送有关国家机关依法处理。

第五章 附　　则

第二十条 国有企业、高等院校和科研院所以及其他不参照公务员法管理的事业单位中从事公务的人员调入参照公务员法管理的机关（单位）担任本规定第二条所列职务职级，参照本规定执行。

第二十一条 本规定由中共中央组织部负责解释。

第二十二条 本规定自2019年11月26日起施行。

附件：公务员调任审批（备案）表（略）

公务员辞退规定

（2009年7月9日中共中央组织部部务会会议审议批准 2009年7月24日中共中央组织部、人力资源社会保障部发布 2020年12月8日中共中央组织部部务会会议修订 2020年12月28日中共中央组织部发布）

第一章 总 则

第一条 为了规范公务员辞退工作，保障机关和公务员的合法权益，建设信念坚定、为民服务、勤政务实、敢于担当、清正廉洁的高素质专业化公务员队伍，根据《中华人民共和国公务员法》等有关法律法规，制定本规定。

第二条 公务员辞退，是指机关依照法律法规规定，解除与公务员的任用关系。

法律法规对监察官、法官、检察官等辞退另有规定的，按照有关规定办理。

第三条 公务员辞退工作坚持以马克思列宁主义、毛泽东思想、邓小平理论、“三个代表”重要思想、科学发展观、习近平新时代中国特色社会主义思想为指导，贯彻新时代党的组织路线和干部工作方针政策，加强党对公务员队伍的集中统一领导，坚持下列原则：

（一）党管干部；

（二）从严管理；

（三）公道正派；

（四）依法依规办事。

第四条 各级公务员主管部门按照管理权限和职责分工负责公务员辞退工作的综合管理、业务指导和监督检查。各级机关按照管理权限负责公务员辞退的审核、审批等工作。

第二章 辞退情形和程序

第五条 辞退公务员，应当依照法定的情形、权限和程序办理。

第六条 公务员有下列情形之一的，予以辞退：

（一）在年度考核中，连续 2 年被确定为不称职的；

（二）不胜任现职工作，又不接受其他安排的；

（三）因所在机关调整、撤销、合并或者缩减编制员额需要调整工作，本人拒绝合理安排的；

（四）不履行公务员义务，不遵守法律和公务员纪律，经教育仍无转变，不适合继续在机关工作，又不宜给予开除处分的；

（五）旷工或者因公外出、请假期满无正当理由逾期不归连续超过 15 个工作日，或者 1 年内累计超过 30 个工作日的。

第七条 对有下列情形之一的公务员，不得辞退：

（一）因公致残，被确认丧失或者部分丧失工作能力的；

（二）患病或者负伤，在规定的医疗期内的；

（三）女性公务员在孕期、产假、哺乳期内的；

（四）法律、行政法规规定的其他不得辞退的情形。

第八条 辞退公务员，按照下列程序办理：

（一）所在单位在核准事实的基础上，提出建议并填写《辞退公务员审批表》报任免机关。

（二）组织人事部门审核。

（三）任免机关集体讨论，审批并作出辞退决定。对拟辞退且按照规定需要进行经济责任审计的，应当事先对其进行审计。

任免机关根据有关规定可以直接作出辞退决定。

县级以下机关辞退公务员，由县级公务员主管部门审核并报县级党委审批后作出决定。

（四）作出辞退决定的，应当向被辞退公务员送达《辞退公务员通知书》，告知辞退依据和理由，同时将辞退决定送呈报单位。

（五）办理公务交接手续。

（六）将《辞退公务员审批表》和辞退决定等存入本人人事档案，同时将辞退决定送同级公务员主管部门备案。

第九条 任免机关在办理公务员辞退时，对正在接受审计、纪律审查、监察调查，或者涉嫌犯罪，司法程序尚未终结的，暂缓审批。

第十条 《辞退公务员通知书》应当在作出辞退决定后 10 个工作日内送达本人。

第十一条 被辞退公务员办理公务交接手续，应当自《辞退公务员通知书》送达之日起 10 个工作日内完成。

对拒不办理公务交接手续的，撤销辞退决定，给予开除处分。

第十二条 被辞退公务员对辞退决定不服的，可以按照规定申请复核或者提出申诉。复核、申诉期间不停止辞退决定的执行。

第三章 管理与纪律

第十三条 公务员被辞退后，不再具有公务员身份，其所任领导职务、职级自然免除，自作出辞退决定之日的次月起停发工资。

第十四条 被辞退公务员原系涉密人员的，应当按照有关规定进行脱密期管理。

第十五条 公务员被辞退后，原所在机关应当自作出辞退决定之日起 2 个月内将其人事档案转递至相应的人事档案工作机构、公共就业和人才服务机构或者本人户籍所在地社会保障服务机构。具体按照人事档案工作有关规定办理。

本人应当配合转递人事档案，未予配合的，其后果由本人承担。

第十六条 被辞退公务员已参加失业保险的，根据国家有关规定享受失业保险待遇；未参加失业保险的，领取辞退费。其他社会保险按照有关规定执行。

第十七条 辞退费由接收人事档案的相关服务机构按月发放。原所在机关应当在人事档案转出后 15 个工作日内，将辞退费一次性拨付。相关服务机构发放确有困难的，由原所在机关按月发放。

公务员被辞退前连续工作满 1 年以上的，自被辞退的次月起发放辞退费。

辞退费发放标准为公务员被辞退时所任领导职务、职级对应的基本工资。

辞退费发放期限根据被辞退公务员在机关的工作年限确定。工作年限不满2年的，按照3个月发放；满2年的，按照4个月发放；2年以上的，每增加1年增发1个月，但最长不得超过24个月。

第十八条 出现下列情形之一的，辞退费停发：

（一）重新就业；

（二）应征服兵役；

（三）移居国（境）外；

（四）被判处刑罚；

（五）享受基本养老保险待遇；

（六）死亡。

被辞退公务员有前款第（一）、（二）、（三）、（四）、（五）项情形之一的，应当主动告知相关服务机构或者原所在机关。

由相关服务机构发放辞退费且有前款所列情形未发放的，应当将辞退费返还被辞退公务员原所在机关。

第十九条 辞退公务员所需经费，应当列入财政预算，予以保障。

第二十条 公务员被辞退后重新就业的，在计算工作年限时，其被辞退前在机关的工作年限合并计算。

第二十一条 在辞退公务员工作中，对有滥用职权、徇私舞弊、打击报复、弄虚作假等行为的，区别不同情况，予以责令纠正或者宣布无效；根据情节轻重，依规依纪依法追究负有责任的领导人员和直接责任人员责任。

第四章 附 则

第二十二条 辞退参照公务员法管理的机关（单位）中除工勤人员以外的工作人员，参照本规定执行。

第二十三条 本规定由中共中央组织部负责解释。

第二十四条 本规定自发布之日起施行。

公开选拔党政领导干部工作暂行规定

（2004年4月8日　中办发〔2004〕13号）

第一章　总　　则

第一条　为进一步规范和完善公开选拔党政领导干部工作，推进干部工作的科学化、民主化、制度化，促使优秀人才脱颖而出，根据《党政领导干部选拔任用工作条例》和有关法律、法规，制定本规定。

第二条　公开选拔是党政领导干部选拔任用方式之一。

本规定所称的公开选拔党政领导干部，是指党委（党组）及其组织（人事）部门面向社会采取公开报名，考试与考察相结合的办法，选拔党政领导干部。

第三条　公开选拔党政领导干部工作必须遵循《党政领导干部选拔任用工作条例》规定的原则，坚持公开、公平、公正，坚持考试与考察相结合。

第四条　公开选拔适用于选拔地方党委、人大常委会、政府、政协、纪委工作部门或者工作机构的领导成员或者其人选，以及其他适于公开选拔的领导成员或者其人选。

涉及国家安全、重要机密等特殊职位，不宜进行公开选拔。

第五条　公开选拔党政领导干部应当根据领导班子和干部队伍建设的需要，有计划地进行，逐步做到经常化、制度化。

有下列情形之一的，一般应当进行公开选拔：

（一）为了改善领导班子结构，需要集中选拔领导干部；

（二）领导职位空缺较多，需要集中选拔领导干部；

（三）领导职位出现空缺，本单位无合适人选；

（四）选拔专业性较强职位和紧缺专业职位的领导干部；

（五）其他需要进行公开选拔的情形。

第六条　公开选拔工作应当经过下列程序：

（一）发布公告；

（二）报名与资格审查；
（三）统一考试（包括笔试和面试）；
（四）组织考察，研究提出人选方案；
（五）党委（党组）讨论决定；
（六）办理任职手续。

第七条 公开选拔工作在党委（党组）领导下，由组织（人事）部门组织实施。

公开选拔工作应当坚持从实际出发，制定合理的工作方案，提高科学化水平，降低成本。

第二章 公告、报名和资格审查

第八条 公开选拔应当在适当范围内发布公告。公告内容包括选拔职位以及职位说明、选拔范围、报名条件与资格、选拔程序和遴选方式、时间安排等。

第九条 公开选拔应当在调查研究和分析预测的基础上，根据选拔职位的层次、人才分布情况和国家有关政策，合理确定报名人员的范围。

第十条 报名人员应当符合《党政领导干部选拔任用工作条例》规定的基本条件和任职资格。

在国有企业、事业单位工作的报名人员，应当具备与所报职位要求相当的资格。

对有特殊要求的职位，可以附加其他条件。

第十一条 根据选拔职位对人才的需求和选拔优秀年轻干部的需要，可以对报名人员的职务层次、任职年限等任职资格适当放宽。但报上一级职位的，需在本级职位任满一年；越一级报名的，应当在本级职位任满四年；不得越两级报名。

第十二条 海外留学回国人员、非公有制经济组织和社会组织中的人员等，其报名条件和资格由组织实施公开选拔的党委（党组）及其组织（人事）部门根据有关政策确定。

第十三条 报名人员通过组织推荐或者个人自荐等方式报名，并填写报名登记表。报名登记表一般应由所在单位组织（人事）部门审核。

第十四条 组织（人事）部门按照公布的报名条件和资格进行资格审查，审查合格者准予参加笔试。经资格审查合格参加笔试的人数与选拔职位的比例一般不低于 10：1。

第三章 考 试

第十五条 考试分为笔试和面试。笔试主要测试应试者对领导干部应具备的基本理论、基本知识、基本方法和专业知识的掌握程度，特别是运用理论、知识和方法分析解决领导工作中实际问题的能力。面试主要测试应试者在领导能力素质、个性特征等方面对选拔职位的适应程度。

第十六条 笔试、面试依据《党政领导干部公开选拔和竞争上岗考试大纲》命题。命题前应当进行职位分析，增强命题的针对性。试题一般从全国领导干部考试通用题库以及经认定合格的省级组织部门题库中提取。

第十七条 笔试分为公共科目考试和专业科目考试，采用闭卷方式进行。

第十八条 根据笔试成绩，从高分到低分确定面试人选。面试人选与选拔职位的比例一般为 5：1。

第十九条 面试应当根据需要选择适当的测评方法，注重科学性。

第二十条 面试由面试小组负责考试和评分。面试小组由有关领导、专家、组织人事干部等人员组成，一般不少于 7 人。

同一职位的面试一般由同一面试小组负责考试和评分。

第二十一条 面试小组成员应当具有较高的思想政治素质，公道正派，并熟悉人才测评工作。面试小组中必须有熟悉选拔职位业务的人员。面试小组成员要实行回避制度。面试前应当对面试小组成员进行培训。

第二十二条 根据笔试、面试成绩确定应试者的考试综合成绩。

第二十三条 笔试、面试成绩和考试综合成绩应当及时通知应试者本人，并在适当范围内公开。

第二十四条 市（地）、县（市）公开选拔党政领导干部，条件允许时可以由上一级党委组织部门统一组织考试。

第四章　组 织 考 察

第二十五条　根据考试综合成绩，从高分到低分确定考察人选。考察人选与选拔职位的比例一般为 3∶1。

第二十六条　组织（人事）部门依据干部选拔任用条件和选拔职位的职责要求，坚持德才兼备原则，对考察对象的德、能、勤、绩、廉进行全面考察，对是否适合和胜任选拔职位作出评价。要注重考察工作实绩和群众公认程度。

第二十七条　实行考察预告制。将考察对象的简要情况、考察时间、考察组联系方式等，向考察对象所在工作单位或者向社会进行预告。

第二十八条　考察采取个别谈话、发放征求意见表、民主测评、实地考察、查阅资料、专项调查、同考察对象面谈等方法进行。

第二十九条　同一职位的考察对象，应当由同一考察组考察。

第三十条　跨地区、跨部门的考察，考察对象所在单位的组织（人事）部门，应当积极支持和配合，并出具鉴定材料。

第五章　决 定 任 用

第三十一条　组织（人事）部门根据考察情况和考试成绩，研究提出任用建议。

第三十二条　按照干部管理权限，由党委（党组）集体讨论作出任用决定，或者决定提出推荐、提名的意见。

党委（党组）集体讨论认为无合适人选的，该职位选拔可以空缺。

第三十三条　对党委（党组）决定任用的干部和决定推荐、提名的人选进行公示。公示后，未发现影响任用问题的，办理任职手续或者按照有关规定推荐、提名，并向社会公布选拔结果。

第三十四条　对公开选拔任用的干部实行一年的试用期。试用期满后，经考核胜任的，正式任职；不胜任的，免去试任职务，一般按试任前职务层次安排工作。

不适用试用期制的干部，任职一年后经考核不胜任的，提出免职意见。

第三十五条 对经过考察符合任用条件但未能任用的人员，符合后备干部条件的，可以纳入后备干部队伍进行培养。

第六章 纪律和监督

第三十六条 公开选拔党政领导干部必须遵守以下纪律：

（一）确保公开、公平、公正，不准事先内定人选；

（二）严格按照公开选拔工作方案规定的内容和程序操作，不准在实施过程中随意更改；

（三）报考人员要自觉遵守公开选拔工作的有关规定，不准弄虚作假，搞非组织活动；

（四）有关单位要客观、全面地反映和提供考察对象的真实情况，不得夸大、隐瞒或者歪曲事实；

（五）工作人员要严格遵守干部人事工作纪律，特别要严格执行保密制度和回避制度，不准泄露考试试题、评分情况、考察情况、党委（党组）讨论情况等。

第三十七条 对公开选拔工作要加强监督。必要时，成立由纪检机关（监察部门）等有关方面组成的监督小组，对公开选拔工作进行监督。

对公开选拔工作中的违纪行为，干部、群众可以向上级组织（人事）部门或者纪检机关（监察部门）检举、申诉。受理机关和部门应当按照有关规定认真核实处理。

第三十八条 对违反本规定第三十六条的，要按照有关规定给予相应的党纪政纪处分。

第七章 附 则

第三十九条 各省、自治区、直辖市党委组织部门可以根据本规定，结合本地实际，制定实施细则。

第四十条 公开选拔工会、共青团、妇联等人民团体的领导成员推荐人选和国有企业、事业单位的领导人员，可以参照本规定执行。

第四十一条 本规定由中共中央组织部负责解释。

第四十二条 本规定自发布之日起施行。

领导干部报告个人有关事项规定

（2017年2月8日 中办发〔2017〕12号）

第一条 为贯彻全面从严治党要求，加强对领导干部的管理和监督，促进领导干部遵纪守规、廉洁从政，根据《中国共产党章程》等党内法规和国家有关法律法规，制定本规定。

第二条 本规定所称领导干部包括：

（一）各级党的机关、人大机关、行政机关、政协机关、审判机关、检察机关、民主党派机关中县处级副职以上的干部（含非领导职务干部，下同）；

（二）参照公务员法管理的人民团体、事业单位中县处级副职以上的干部，未列入参照公务员法管理的人民团体、事业单位的领导班子成员及内设管理机构领导人员（相当于县处级副职以上）；

（三）中央企业领导班子成员及中层管理人员，省（自治区、直辖市）、市（地、州、盟）管理的国有企业领导班子成员。

上述范围中已退出现职、尚未办理退休手续的人员适用本规定。

第三条 领导干部应当报告下列本人婚姻和配偶、子女移居国（境）外、从业等事项：

（一）本人的婚姻情况；

（二）本人持有普通护照以及因私出国的情况；

（三）本人持有往来港澳通行证、因私持有大陆居民往来台湾通行证以及因私往来港澳、台湾的情况；

（四）子女与外国人、无国籍人通婚的情况；

（五）子女与港澳以及台湾居民通婚的情况；

（六）配偶、子女移居国（境）外的情况，或者虽未移居国（境）

外，但连续在国（境）外工作、生活一年以上的情况；

（七）配偶、子女及其配偶的从业情况，含受聘担任私营企业的高级职务，在外商独资企业、中外合资企业、境外非政府组织在境内设立的代表机构中担任由外方委派、聘任的高级职务，以及在国（境）外的从业情况和职务情况；

（八）配偶、子女及其配偶被司法机关追究刑事责任的情况。

本规定所称“子女”，包括领导干部的婚生子女、非婚生子女、养子女和有抚养关系的继子女。

本规定所称“移居国（境）外”，是指取得外国国籍或者获取国（境）外永久居留资格、长期居留许可。

第四条 领导干部应当报告下列收入、房产、投资等事项：

（一）本人的工资及各类奖金、津贴、补贴等；

（二）本人从事讲学、写作、咨询、审稿、书画等劳务所得；

（三）本人、配偶、共同生活的子女为所有权人或者共有人的房产情况，含有单独产权证书的车库、车位、储藏间等（已登记的房产，面积以不动产权证、房屋所有权证记载的为准，未登记的房产，面积以经备案的房屋买卖合同记载的为准）；

（四）本人、配偶、共同生活的子女投资或者以其他方式持有股票、基金、投资型保险等的情况；

（五）配偶、子女及其配偶经商办企业的情况，包括投资非上市股份有限公司、有限责任公司，注册个体工商户、个人独资企业、合伙企业等，以及在国（境）外注册公司或者投资入股等的情况；

（六）本人、配偶、共同生活的子女在国（境）外的存款和投资情况。

本规定所称“共同生活的子女”，是指领导干部不满 18 周岁的未成年子女和由其抚养的不能独立生活的成年子女。

本规定所称“股票”，是指在上海证券交易所、深圳证券交易所、全国中小企业股份转让系统等发行、交易或者转让的股票。所称“基金”，是指在我国境内发行的公募基金和私募基金。所称“投资型保险”，是指具有保障和投资双重功能的保险产品，包括人身保险投资型保险和财产保险投资型保险。

第五条 领导干部应当于每年 1 月 31 日前集中报告一次上一年度

本规定第三条、第四条所列事项，并对报告内容的真实性、完整性负责，自觉接受监督。

非本规定第二条所列范围的人员，拟提拔为本规定第二条所列范围的考察对象，或者拟列入第二条所列范围的后备干部人选，在拟提拔、拟列入时，应当报告个人有关事项。

本规定第二条所列范围的人员辞去公职的，在提出辞职申请时，应当一并报告个人有关事项。

第六条　年度集中报告后，领导干部发生本规定第三条所列事项的，应当在事后30日内按照规定报告。因特殊原因不能按时报告的，特殊原因消除后应当及时补报，并说明原因。

第七条　领导干部报告个人有关事项，按照干部管理权限由相应的组织（人事）部门负责受理：

（一）中央管理的领导干部向中共中央组织部报告，报告材料由该领导干部所在单位主要负责人阅签后，由所在单位的组织（人事）部门转交。

（二）属于本单位管理的领导干部，向本单位的组织（人事）部门报告；不属于本单位管理的领导干部，向上一级党委（党组）的组织（人事）部门报告，报告材料由该领导干部所在单位主要负责人阅签后，由所在单位的组织（人事）部门转交。

领导干部因职务变动而导致受理机构发生变化的，原受理机构应当在30日内将该领导干部的所有报告材料按照干部管理权限转交新的受理机构。

第八条　领导干部在执行本规定过程中，认为有需要请示的事项，可以向受理报告的组织（人事）部门请示。受理报告的组织（人事）部门应当认真研究，及时答复。

第九条　组织（人事）部门应当每年对领导干部报告个人有关事项的情况进行汇总综合，向同级党委（党组）和上一级党委（党组）的组织（人事）部门报告。

第十条　组织（人事）部门在干部监督工作和干部选拔任用工作中，按照干部管理权限，经本机关、本单位负责人批准，可以查阅有关领导干部报告个人有关事项的材料。

纪检监察机关（机构）在履行职责时，按照干部管理权限，经本机关负责人批准，可以查阅有关领导干部报告个人有关事项的材料。

巡视机构在巡视工作期间，根据工作需要，经巡视工作领导小组负责人批准，可以查阅有关领导干部报告个人有关事项的材料。

检察机关在查办职务犯罪案件时，经本机关负责人批准，可以查阅案件涉及的领导干部报告个人有关事项的材料。

第十一条 组织（人事）部门应当按照干部管理权限，对领导干部报告个人有关事项的真实性和完整性进行查核。查核方式包括随机抽查和重点查核。

随机抽查每年集中开展一次，按照10%的比例进行。

重点查核对象包括：

（一）拟提拔为本规定第二条所列范围的考察对象；

（二）拟列入本规定第二条所列范围的后备干部人选；

（三）拟进一步使用的人选；

（四）因涉及个人报告事项的举报需要查核的；

（五）其他需要查核的。

纪检监察机关（机构）、巡视机构、检察机关在履行职责时，按照本规定第十条规定履行报批手续后，可以委托组织（人事）部门按照干部管理权限，对领导干部报告个人有关事项的真实性和完整性进行查核。

第十二条 查核发现领导干部的家庭财产明显超过正常收入的，应当要求其作出说明，必要时可以对其财产来源的合法性进行验证。

第十三条 领导干部有下列情形之一的，根据情节轻重，给予批评教育、组织调整或者组织处理、纪律处分。

（一）无正当理由不按时报告的；

（二）漏报、少报的；

（三）隐瞒不报的；

（四）查核发现有其他违规违纪问题的。

第十四条 党委（党组）及其组织（人事）部门应当把查核结果作为衡量领导干部是否忠诚老实、清正廉洁的重要参考，运用到选拔任用、管理监督等干部工作中。对未经查核提拔或者进一步使用干部，或者对查核发现的问题不按照规定处理的，应当追究党委（党组）、组织（人事）部门及其有关领导成员的责任。

第十五条 中共中央组织部和地方党委组织部牵头建立领导干部个人有关事项报告查核联系工作机制，负责组织实施和协调工作。查核联系工作机制成员单位包括审判、检察、外交（外事）、公安、民政、国土资源、住房城乡建设、人民银行、税务、工商、金融监管等单位。各成员单位承担相关信息查询职责，应当在规定时间内，如实向组织部门提供查询结果。

第十六条 组织（人事）部门和查核联系工作机制成员单位，应当严格遵守工作纪律和保密纪律，设专人妥善保管领导干部的个人有关事项报告和汇总综合、查核等材料。对违反工作纪律、保密纪律或者在查核工作中敷衍塞责、徇私舞弊的，追究有关责任人的责任。

第十七条 组织（人事）部门要加强对本规定执行情况的监督检查。

第十八条 中央军委可以根据本规定，结合中国人民解放军和中国人民武装警察部队的实际，制定有关规定。

第十九条 各省、自治区、直辖市党委可以根据本规定，结合实际制定具体办法，报中共中央组织部同意后实施。

第二十条 本规定由中共中央组织部负责解释。

第二十一条 本规定自2017年2月8日起施行。2010年5月26日印发的《关于领导干部报告个人有关事项的规定》同时废止。

人事争议处理规定

（2011年8月15日　人社部发〔2011〕88号）

第一章　总　则

第一条 为公正及时地处理人事争议，保护当事人的合法权益，根据《中华人民共和国公务员法》、《中国人民解放军文职人员条例》等有关法律法规，制定本规定。

第二条 本规定适用于下列人事争议：

（一）实施公务员法的机关与聘任制公务员之间、参照《中华人民共和国公务员法》管理的机关（单位）与聘任工作人员之间因履行聘任合同发生的争议。

（二）事业单位与工作人员之间因解除人事关系、履行聘用合同发生的争议。

（三）社团组织与工作人员之间因解除人事关系、履行聘用合同发生的争议。

（四）军队聘用单位与文职人员之间因履行聘用合同发生的争议。

（五）依照法律、法规规定可以仲裁的其他人事争议。

第三条 人事争议发生后，当事人可以协商解决；不愿协商或者协商不成的，可以向主管部门申请调解，其中军队聘用单位与文职人员的人事争议，可以向聘用单位的上一级单位申请调解；不愿调解或调解不成的，可以向人事争议仲裁委员会申请仲裁。当事人也可以直接向人事争议仲裁委员会申请仲裁。当事人对仲裁裁决不服的，可以向人民法院提起诉讼。

第四条 当事人在人事争议处理中的地位平等，适用法律、法规平等。

当事人有使用本民族语言文字申请仲裁的权利。人事争议仲裁委员会对于不熟悉当地通用语言文字的当事人，应当为他们翻译。

第五条 处理人事争议，应当注重调解，遵循合法、公正、及时的原则，以事实为依据，以法律为准绳。

第二章 组织机构

第六条 省（自治区、直辖市）、副省级市、地（市、州、盟）、县（市、区、旗）设立人事争议仲裁委员会。

人事争议仲裁委员会独立办案，相互之间无隶属关系。

第七条 人事争议仲裁委员会由公务员主管部门代表、聘任（用）单位代表、工会组织代表、受聘人员代表以及人事、法律专家组成。人事争议仲裁委员会组成人员应当是单数，设主任一名、副主任二至四名、委员若干名。

同级人民政府分管人事工作的负责人或者政府人事行政部门的主要负责人任人事争议仲裁委员会主任。

第八条 人事争议仲裁委员会实行少数服从多数原则，不同意见应如实记录。

第九条 人事争议仲裁委员会的职责是：

（一）负责处理管辖范围内的人事争议。

（二）决定仲裁员的聘任和解聘。

（三）法律、法规规定由人事争议仲裁委员会承担的其他职责。

第十条 人事争议仲裁委员会下设办事机构，其职责是：负责人事争议案件的受理、仲裁文书送达、档案管理以及仲裁员的考核、培训等日常工作，办理人事争议仲裁委员会授权的其他事宜。办事机构设在同级人民政府人事部门。

第十一条 人事争议仲裁委员会处理人事争议案件实行仲裁庭制度，仲裁庭是人事争议仲裁委员会处理人事争议案件的基本形式。仲裁庭一般由三名仲裁员组成。人事争议仲裁委员会指定一名仲裁员担任首席仲裁员，主持仲裁庭工作；另两名仲裁员可由双方当事人各选定一名，也可由人事争议仲裁委员会指定。简单的人事争议案件，经双方当事人同意，人事争议仲裁委员会可以指定一名仲裁员独任处理。

第十二条 人事争议仲裁委员会可以聘任有关部门的工作人员、专家学者和律师为专职或兼职仲裁员。仲裁员的职责是：受人事争议仲裁委员会的委托或当事人的选择，负责人事争议案件的具体处理工作。

兼职仲裁员与专职仲裁员在仲裁活动中享有同等权利。

兼职仲裁员进行仲裁活动时，所在单位应当给予支持。

第三章　管　　辖

第十三条 中央机关、直属机构、直属事业单位及其在京所属单位的人事争议由北京市负责处理人事争议的仲裁机构处理，也可由北京市根据情况授权所在地的区（县）负责处理人事争议的仲裁机构处理。

中央机关在京外垂直管理机构以及中央机关、直属机构、直属事业单位在京外所属单位的人事争议，由所在地的省（自治区、直辖市）设立的人事争议仲裁委员会处理，也可由省（自治区、直辖市）根据情况授权所在地的人事争议仲裁委员会处理。

第十四条 省（自治区、直辖市）、副省级市、地（市、州、盟）、县（市、区、旗）人事争议仲裁委员会的管辖范围，由省（自治区、直辖市）确定。

第十五条 军队聘用单位与文职人员的人事争议，一般由聘用单位所在地的县（市、区、旗）人事争议仲裁委员会处理，其中师级聘用单位与文职人员的人事争议，由所在地的地（市、州、盟）、副省级市人事争议仲裁委员会处理，军级以上聘用单位与文职人员的人事争议由所在地的省（自治区、直辖市）人事争议仲裁委员会处理。

第四章 仲 裁

第十六条 当事人从知道或应当知道其权利受到侵害之日起六十日内，以书面形式向有管辖权的人事争议仲裁委员会申请仲裁。

当事人因不可抗力或者有其他正当理由超过申请仲裁时效，经人事争议仲裁委员会调查确认的，人事争议仲裁委员会应当受理。

第十七条 当事人向人事争议仲裁委员会申请仲裁，应当提交仲裁申请书，并按被申请人人数递交副本。

仲裁申请书应当载明下列事项：

（一）申请人和被申请人姓名、性别、年龄、职业及职务、工作单位、住所和联系方式。申请人或被申请人是单位的，应写明单位的名称、住所、法定代表人或者主要负责人的姓名、职务和联系方式。

（二）仲裁请求和所依据的事实、理由。

（三）证据和证据来源、证人姓名和住所。

发生人事争议的一方在五人以上，并且有共同的仲裁请求和理由的，可以推举一至两名代表参加仲裁活动。代表人放弃、变更仲裁请求或者承认对方的仲裁请求，进行和解，必须经过被代表的当事人同意。

第十八条 人事争议仲裁委员会在收到仲裁申请书之日起十个工作日内，认为不符合受理条件的，应当书面通知申请人不予受理，并说明理由；认为符合受理条件的，应当受理，将受理通知书送达申请人，将仲裁申请书副本送达被申请人。

第十九条 被申请人应当在收到仲裁申请书副本之日起十个工作日内提交答辩书。被申请人没有按时提交或者不提交答辩书的，不影响仲裁的进行。

第二十条 仲裁应当公开开庭进行，涉及国家、军队秘密和个人隐私的除外。涉及商业秘密，当事人申请不公开开庭的，可以不公开开庭。当事人协议不开庭的，仲裁庭可以书面仲裁。

第二十一条 人事争议仲裁委员会应当在开庭审理人事争议案件五个工作日前，将开庭时间、地点、仲裁庭组成人员等书面通知当事人。申请人经书面通知无正当理由不到庭，或者到庭后未经仲裁庭许可中途退庭的，视为撤回仲裁申请。被申请人经书面通知无正当理由不到庭，或者未经仲裁庭许可中途退庭的，可以缺席裁决。

当事人有正当理由的，在开庭前可以申请延期开庭，是否延期由仲裁庭决定。

第二十二条 仲裁庭处理人事争议应注重调解。自受理案件到作出裁决前，都要积极促使当事人双方自愿达成调解协议。

当事人经调解自愿达成书面协议的，仲裁庭应当根据调解协议的内容制作仲裁调解书。协议内容不得违反法律法规，不得侵犯社会公共利益和他人的合法权益。

调解书由仲裁庭成员署名，加盖人事争议仲裁委员会印章。调解书送达后，即发生法律效力。

当庭调解未达成协议或者仲裁调解书送达前当事人反悔的，仲裁庭应当及时进行仲裁裁决。

第二十三条 当事人应当对自己的主张提供证据。仲裁庭认为有关证据由用人单位提供更方便的，应要求用人单位提供。

用人单位作出解除人事关系和不同意工作人员要求辞职或终止聘任（用）合同引发的人事争议，由用人单位负责举证。

仲裁庭认为需要调查取证的，可以自行取证。

第二十四条 人事争议仲裁委员会在处理人事争议时，有权向有关单位查阅与案件有关的档案、资料和其他证明材料，并有权向知情人调查，有关单位和个人不得拒绝并应当如实提供相关材料。人事争议仲裁委员会及其工作人员对调查人事争议案件中涉及的国家秘密、军队秘密、商业秘密和个人隐私应当保密。

第二十五条　当事人的举证材料应在仲裁庭上出示，并进行质证。只有经过质证认定的事实和证据，才能作为仲裁裁决的依据。

第二十六条　当事人在仲裁过程中有权进行辩论。辩论终结时，仲裁庭应当征询当事人的最后意见。

第二十七条　仲裁庭应当将开庭情况记入笔录。当事人和其他仲裁参与人认为对自己陈述的记录有遗漏或者差错的，有权申请补正。如果不予补正，应当记录该申请，并注明不予补正的原因。

笔录由仲裁员、书记员、当事人和其他仲裁参与人署名或者盖章。

第二十八条　仲裁裁决应当按照多数仲裁员的意见作出，少数仲裁员的不同意见应当记入笔录。

仲裁庭对重大、疑难以及仲裁庭不能形成多数处理意见案件的处理，应当提交人事争议仲裁委员会讨论决定；人事争议仲裁委员会作出的决定，仲裁庭必须执行。

仲裁庭应当在裁决作出后五个工作日内制作裁决书。裁决书由仲裁庭成员署名并加盖人事争议仲裁委员会印章。

第二十九条　仲裁庭处理人事争议案件，一般应当在受理案件之日起九十日内结案。需要延期的，经人事争议仲裁委员会批准，可以适当延期，但是延长的期限不得超过三十日。

第三十条　当事人、法定代理人可以委托一至二名律师或其他代理人进行仲裁活动。委托律师和其他代理人进行仲裁活动，应当向人事争议仲裁委员会提交有委托人签名或盖章的委托书。委托书应当明确委托事项和权限。

第三十一条　有下列情形之一的，仲裁员应当自行申请回避，当事人和代理人有权以口头或书面方式申请其回避：

（一）是案件的当事人、代理人或者当事人、代理人的近亲属。

（二）与案件有利害关系。

（三）与案件当事人、代理人有其他关系，可能影响公正仲裁的。

前款规定适用于书记员、鉴定人员、勘验人员和翻译人员。

第三十二条　当事人对仲裁裁决不服的，可以按照《中华人民共和国公务员法》、《中国人民解放军文职人员条例》以及最高人民法院相关司法解释的规定，自收到裁决书之日起十五日内向人民法院提起诉讼；逾期不起诉的，裁决书即发生法律效力。

第三十三条 对发生法律效力的调解书或者裁决书，当事人必须履行。一方当事人逾期不履行的，另一方当事人可以依照国家有关法律法规和最高人民法院相关司法解释的规定申请人民法院执行。

第五章　罚　　则

第三十四条 当事人及有关人员在仲裁过程中有下列行为之一的，人事争议仲裁委员会应当予以批评教育、责令改正；触犯法律的，提请司法机关依法追究法律责任：

（一）干扰仲裁活动，阻碍仲裁工作人员工作的。

（二）拒绝提供有关文件、资料和其他证明材料的。

（三）提供虚假情况的。

（四）对仲裁工作人员、仲裁参与人、证人进行打击报复的。

（五）其他应予以批评教育、责令改正或应依法追究法律责任的行为。

第三十五条 仲裁工作人员在仲裁活动中有徇私舞弊、收受贿赂、敲诈勒索、滥用职权等侵犯当事人合法权益行为的，由所在单位或上级机关给予处分；是仲裁员的，由人事争议仲裁委员会予以解聘；触犯法律的，提请司法机关依法追究法律责任。

第六章　附　　则

第三十六条 因考核、职务任免、职称评审等发生的人事争议，按照有关规定处理。

第三十七条 本规定由中共中央组织部、人力资源和社会保障部、中国人民解放军总政治部负责解释，省、自治区、直辖市可根据本规定制定实施办法。

第三十八条 本规定自 2007 年 10 月 1 日起施行，1997 年人事部发布的《人事争议处理暂行规定》（人发［1997］71 号）同时废止。

公务员申诉规定

（2008 年 5 月 14 日中共中央组织部、人力资源社会保障部制定并发布　2022 年 3 月 1 日中共中央组织部部务会会议修订　2022 年 3 月 19 日中共中央组织部发布）

第一章　总　　则

第一条　为了依法处理公务员申诉，保障公务员合法权益，建设信念坚定、为民服务、勤政务实、敢于担当、清正廉洁的高素质专业化公务员队伍，根据《中华人民共和国公务员法》等有关法律法规，制定本规定。

第二条　公务员对涉及本人的人事处理不服，可以依照本规定申请复核或者提出申诉。

法律法规对监察官、法官、检察官的申诉另有规定的，从其规定。

领导成员公务员的申诉，按照有关规定办理。

第三条　公务员申诉工作坚持以马克思列宁主义、毛泽东思想、邓小平理论、“三个代表”重要思想、科学发展观、习近平新时代中国特色社会主义思想为指导，贯彻落实新时代党的组织路线和干部工作方针政策，完善机关内部监督机制，促进机关依法行使职权，规范公务员依法维权，坚持下列原则：

（一）依法依规、有错必纠；

（二）公平公正、处理恰当；

（三）稳慎及时、注重沟通。

第四条　复核、申诉期间，人事处理继续执行。

公务员不因申请复核或者提出申诉而被加重处理。

第二章　机构与管辖

第五条　受理公务员申诉的机关应当组成公务员申诉公正委员会，

负责对案件事实、适用法律法规、工作程序等进行审议，向受理机关提出审理意见。

公务员申诉公正委员会实行一案一委员会制，一般由受理机关的人员组成，可以吸收其他机关的有关人员参加。公务员申诉公正委员会组成人数为单数，设主任委员一名，负责案件审理的组织工作。

第六条 公务员对本人所在机关作出的人事处理不服的申诉，由同级公务员主管部门管辖。

省级以下机关公务员对公务员主管部门作出的申诉处理决定不服的再申诉，由同级党委或者上一级公务员主管部门管辖。其中，对省、自治区、直辖市公务员主管部门作出的申诉处理决定不服的再申诉，由省、自治区、直辖市党委管辖。地方党委受理的再申诉，由党委指定的部门负责组建公务员申诉公正委员会开展案件审理工作。

第七条 县级以下机关公务员对经县级党委批准或者乡镇党委作出的人事处理不服的申诉，由上一级公务员主管部门管辖。

第八条 中央垂直管理部门省级以下机关公务员对人事处理不服的申诉，由上一级机关管辖。对申诉处理决定不服的再申诉，由作出申诉处理决定的机关的上一级机关管辖。

第九条 实行双重领导并以上级单位领导为主的部门省级以下机关、省以下垂直管理部门公务员申诉的管辖，参照本规定第八条的规定执行。对省垂直管理机关作出的申诉处理决定不服的再申诉，由省、自治区、直辖市党委管辖。

第十条 公务员对监察机关作出的涉及本人的处理决定不服的，向监察机关申请复审、复核。

第三章 申请与受理

第十一条 公务员对涉及本人的下列人事处理不服，可以申请复核或者提出申诉：

（一）处分；

（二）辞退或者取消录用；

（三）降职；

（四）定期考核定为不称职；

（五）免职；

（六）申请辞职、提前退休未予批准；

（七）不按照规定确定或者扣减工资、福利、保险待遇；

（八）法律、法规规定可以申诉的其他情形。

第十二条 公务员申请复核，应当自知道该人事处理之日起 30 日内向原人事处理机关提交书面申请。在复核决定作出前，申请复核的公务员不得提出申诉。复核决定逾期未作出的，申请复核的公务员可以在复核期满之日起 15 日内提出申诉。

第十三条 公务员对复核结果不服的，可以自接到复核决定之日起 15 日内提出申诉；也可以不经复核，自知道人事处理之日起 30 日内直接提出申诉。

公务员对申诉处理决定不服的，可以自接到申诉处理决定之日起 30 日内提出再申诉。

第十四条 公务员提出申诉和再申诉，应当提交申诉书等材料，提出再申诉的，还应当提交申诉处理决定复印件。

申诉书应当载明下列内容：

（一）申诉人的姓名、单位、职务职级、联系方式、住址及其他基本情况；

（二）被申诉机关的名称及作出的人事处理决定和复核的情况；

（三）申诉的事项、理由及要求；

（四）提出申诉的日期。

第十五条 因不可抗力等正当理由超过规定的期限申请复核或者提出申诉、再申诉的，经受理机关批准可以提出申请。

第十六条 复核、申诉、再申诉应当由受到人事处理的公务员本人提出；如本人丧失行为能力或者死亡，可以由其配偶、父母、子女、兄弟姐妹等近亲属代为提出。

第十七条 受理机关应当对申请人提出的申诉、再申诉是否符合受理条件进行审查，在接到申诉书之日起 30 日内，作出受理或者不予受理的决定，并以书面形式通知申请人。不予受理的，应当说明理由。

第十八条 符合以下条件的申诉、再申诉，应予受理：

（一）申请人符合本规定第十六条的规定；

（二）申诉、再申诉事项属于本规定第十一条规定的受理范围；

（三）在规定的期限内提出；

（四）属于受理机关管辖；

（五）申诉材料齐备。

凡不符合上述条件之一的申诉、再申诉，不予受理。

申诉材料不齐备的，应当及时一次性告知申请人，限期15日内补正。审查期限自收到全部补正材料后的次日起算。

第十九条 对于决定受理的申诉案件，受理机关自决定受理之日起7日内向被申诉机关送达应诉通知书和申诉书副本。

被申诉机关接到应诉通知书之日起15日内提交答辩书，并提供作出该人事处理决定的依据和证据。

受理机关收到答辩书后，经审核符合答辩要求的，在7日内将副本送达申诉人，申诉人在接到答辩书副本7日内可以提出书面意见。

第二十条 处理决定作出前，申请人可以书面提出撤回复核、申诉和再申诉的申请。受理机关在接到申请后终结处理工作，并书面告知申请人和被申诉机关。

申请人撤回复核、申诉和再申诉后，如无正当理由，不得再以同一事由提出。

第四章　审理与决定

第二十一条 原人事处理机关在接到复核申请书后，应当对人事处理认定的事实、依据和工作程序等进行全面核查，在30日内作出维持、撤销或者变更原人事处理的复核决定，并书面通知申请人。

第二十二条 受理申诉和再申诉的机关应当自决定受理之日起60日内作出处理决定。案情复杂的，可以适当延长，但是延长时间不得超过30日。

第二十三条 受理机关对公务员申诉、再申诉涉及事项，应当调查核实。调查应当由2名以上工作人员进行。接受调查的机关和个人应当如实提供情况。

调查人员应当充分听取申诉人、被申诉机关和相关人员的意见，加强沟通协调，做好政策解释和矛盾调处工作。

第二十四条 受理机关应当将申诉案件材料和调查材料提交公务员申诉公正委员会进行全面审阅。必要时，公务员申诉公正委员会可以听取申诉人和被申诉机关当面陈述申辩。

第二十五条 公务员申诉公正委员会根据调查情况对下列事项进行审议：

（一）原人事处理认定的事实是否存在、清楚，证据是否确凿、充分；

（二）原人事处理适用法律、法规、规章和有关规定是否正确；

（三）原人事处理的程序是否符合规定；

（四）原人事处理是否显失公正；

（五）被申诉机关有无超越职权或者滥用职权的情形；

（六）其他需要审议的事项。

在审理对复核决定、申诉处理决定不服的申诉、再申诉时，还应当对复核决定和申诉处理决定进行审议。

第二十六条 公务员申诉公正委员会应当按照少数服从多数的原则提出明确审理意见，并向受理机关提交审理报告。审议中的不同意见应当如实记入审理报告。

第二十七条 对于事实清楚、规定明确的申诉案件，调查、审理程序可以适当简化。

第二十八条 受理机关应当根据公务员申诉公正委员会的审理意见，区别不同情况，作出下列申诉处理决定：

（一）原人事处理认定事实清楚，适用法律、法规、规章和有关规定正确，处理恰当、程序合法的，维持原人事处理。

（二）原人事处理认定事实不存在的，按照管理权限责令原人事处理机关撤销或者直接撤销原人事处理。

（三）原人事处理认定事实清楚，但适用法律、法规、规章和有关规定有误，或者处理明显不当的，按照管理权限责令原人事处理机关变更或者直接变更原人事处理。

（四）原人事处理认定事实不清，证据不足，或者违反规定程序和权限的，责令原人事处理机关重新处理。

再申诉处理决定应当参照前款规定作出。

受理机关在作出申诉处理决定的同时，可以就申诉案件向原人事处理机关提出人事管理有关意见。

第二十九条 申诉处理决定作出后，要制作申诉处理决定书。申诉处理决定书应当载明下列内容：

（一）申诉人的姓名、单位、职务职级及其他基本情况；

（二）被申诉机关的名称，原人事处理和复核决定所认定的事实、理由及适用的法律、法规、规章和有关规定；

（三）申诉的事项、理由及要求；

（四）公务员申诉公正委员会认定的事实、理由及适用的法律、法规、规章和有关规定；

（五）申诉处理决定；

（六）作出决定的日期；

（七）其他需要载明的内容。

再申诉处理决定书除前款规定内容外，还应当载明申诉处理决定的内容和作出申诉处理决定的日期。

申诉处理决定书和再申诉处理决定书应当加盖受理机关或者公务员申诉公正委员会的印章。

第三十条 申诉处理决定书应当在作出处理决定之日起 7 日内送达申诉人和原人事处理机关。再申诉处理决定书还应当送达作出申诉处理决定的机关。

第三十一条 原人事处理机关应当将复核决定书、申诉处理决定书、再申诉处理决定书存入受处理公务员个人档案。

申诉处理机关应当自作出处理决定之日起 60 日内，将申诉案件处理和执行等情况按照管理权限向上一级公务员主管部门或者上一级机关备案。

第三十二条 公务员申诉公正委员会委员和受理机关工作人员与案件当事人存在利害关系、可能影响案件公正处理的，本人应当自行回避。申诉人和被申诉机关也可以申请相关人员回避，受理机关在收到回避申请之日起 3 个工作日内作出决定。回避决定作出前，相关人员暂停参与调查和审理。

第三十三条 案件审理期间，因不可抗力等原因导致无法审理的，受理机关可以决定中止审理工作，待有关情形消除后，再恢复审理工作。

第三十四条 公务员申诉公正委员会委员和受理机关工作人员，对工作中涉及的国家秘密、工作秘密、商业秘密和个人隐私应当保密。

第五章 执行与监督

第三十五条 申诉处理决定在发生效力后执行。

下列处理决定是发生效力的决定：

（一）已过法定期限没有提出再申诉的申诉处理决定；

（二）中央公务员主管部门作出的申诉处理决定；

（三）中央垂直管理机关作出的申诉处理决定；

（四）再申诉处理决定。

第三十六条 原人事处理机关在申诉处理决定生效后30日内执行，并将执行情况书面告知作出申诉处理决定的机关。

第三十七条 非因违反规定程序和权限，被责令重新处理的，原人事处理机关不得以同一事实和理由作出与原处理决定相同或者基本相同的处理决定。

公务员对重新作出的人事处理决定不服，可以提出申诉、再申诉。

第三十八条 原人事处理错误的，应当及时予以纠正；造成名誉损害的，应当赔礼道歉、恢复名誉、消除影响；造成经济损失的，依法给予赔偿，并视情况对作出错误处理的责任人进行处理。

第三十九条 机关不执行发生效力的申诉处理决定，或者对申诉人打击报复的，对负有责任的领导人员和直接责任人员，受理申诉的机关可以向有关机关提出给予其处理处分的建议；构成犯罪的，依法追究刑事责任。

第四十条 公务员在复核、申诉中捏造事实，诬告、陷害他人的，根据情节轻重，给予批评教育或者处分；给他人造成名誉损害的，应当赔礼道歉、恢复名誉、消除影响；构成犯罪的，依法追究刑事责任。

第四十一条 公务员申诉公正委员会委员和受理机关工作人员，不按本规定处理公务员复核、申诉的，根据情节轻重，给予批评教育或者处分；构成犯罪的，依法追究刑事责任。

第六章　附　　则

第四十二条　参照公务员法管理的机关（单位）中除工勤人员以外的工作人员的申诉，参照本规定执行。

第四十三条　本规定由中共中央组织部负责解释。

第四十四条　本规定自发布之日起施行。

附件： 1. 公务员申诉案件受理通知书（略）

2. 公务员申诉案件不予受理通知书（略）

3. 公务员申诉案件应诉通知书（略）

聘任制公务员管理规定（试行）

（2017年9月　中共中央办公厅、国务院办公厅印发）

第一章　总　　则

第一条　为了健全用人机制，满足机关吸引和使用优秀人才的需求，提高公务员队伍专业化水平，规范公务员聘任工作，保障机关和聘任制公务员合法权益，根据《中华人民共和国公务员法》等相关法律法规，制定本规定。

第二条　本规定所称聘任制公务员，是指以合同形式聘任、依法履行公职、纳入国家行政编制、由国家财政负担工资福利的工作人员。

涉及国家秘密的职位不实行聘任制。

第三条　聘任制公务员的管理，坚持党管干部、党管人才原则，坚持德才兼备、以德为先，坚持公开、平等、竞争、择优，坚持监督约束与激励保障并重，依照法定的权限、条件、标准和程序进行。

机关依据公务员法和聘任合同对所聘公务员进行管理。

第四条　中央公务员主管部门负责全国聘任制公务员的综合管理工作。县级以上地方各级公务员主管部门负责本辖区内聘任制公务员的综合管理工作。上级公务员主管部门指导下级公务员主管部门的聘任制公务员管理工作。各级公务员主管部门指导同级机关的聘任制公务员管理工作。

第二章 职位设置与招聘

第五条 机关聘任公务员，主要面向专业性较强的职位，确有特殊需要的，也可以面向辅助性职位。聘任为领导职务的，应当是专业性较强的职位。

专业性较强的职位，是指具有低替代性，要求具备经过专门学习才能掌握的专业知识、专业技能的职位。

辅助性职位，是指具有较强事务性，在机关工作中处于辅助地位的职位。

第六条 机关聘任公务员，应当根据工作需要，在规定的编制限额和工资经费限额内进行。

第七条 机关聘任公务员，应当制定职位设置与招聘工作方案。职位设置与招聘工作方案包括聘任事由、编制使用情况、拟聘职位及名额、资格条件、待遇、聘期、招聘方式、程序等内容。

中央和国家机关及其直属机构职位设置与招聘工作方案，报中央公务员主管部门审批。省级以下机关及其直属机构职位设置与招聘工作方案，按程序逐级审核后报省级公务员主管部门审批。

省级以上公务员主管部门或者经授权同意的设区的市级公务员主管部门具体负责招聘的组织实施。

第八条 应聘人员除应当具备公务员法规定的条件外，还应当具备省级以上公务员主管部门批准的拟聘任职位所要求的资格条件。

应聘人员不得应聘与聘任机关公务员有任职回避情形的职位。

第九条 机关聘任公务员，一般应当面向社会公开招聘。公开招聘按照以下程序进行：

（一）发布招聘公告。招聘公告应当载明聘任机关、聘任职位、职责、应聘资格条件、待遇、聘期，报名的方式方法、时间和地点，应聘需要提交的申请材料，考试测评内容、时间和地点以及其他应聘须知事项。

（二）报名与资格审查。应聘人员应当向机关提交真实、准确的申请材料。机关在规定时间内确认应聘人员是否具有应聘资格。

（三）考试测评。采取笔试、面试等方式进行，突出岗位特点，重点测查应聘人员的专业素养、业务能力和岗位匹配程度。

（四）考察与体检。机关根据考试测评成绩确定考察人选，并对其进行考察和体检。考察内容主要包括应聘人员的政治思想、道德品质、能力素质、学习和工作表现、工作业绩、遵纪守法、廉洁自律等方面的情况。

（五）公示。机关根据考试测评、考察情况和体检结果，择优提出拟聘任人员名单，并进行公示。公示期不少于五个工作日。

（六）审批或者备案。公示期满，对没有问题或者所反映问题不影响聘任的，中央和国家机关及其直属机构拟聘任人员名单报中央公务员主管部门备案，地方各级机关拟聘任人员名单报省级公务员主管部门或者经授权同意的设区的市级公务员主管部门审批。

（七）办理聘任手续。聘任机关与拟聘任人员签订聘任合同，办理相关手续。

公开招聘专业性较强的职位，经省级以上公务员主管部门批准，可以对上述程序进行调整或者适当简化。

第十条 对于工作急需、符合聘任职位条件的人选少、难以进行公开招聘的专业性较强的职位，经省级以上公务员主管部门批准，机关可以从符合条件的人员中直接选聘。直接选聘一般按照以下程序进行：

（一）提出拟聘任人选。机关根据平时掌握的情况或者通过相关单位、专业机构、同行专家等推荐，提出拟聘任人选。

（二）资格审查。根据招聘资格条件对应聘人员进行审查，重点审查政治品质、工作履历和工作业绩。

（三）考核测评。采取履历分析、面试比选、专家评审、业绩考核等方式，重点对拟聘任人选的专业素养、业务能力和岗位匹配程度进行考核、测评。

（四）考察与体检。

（五）公示。

（六）审批或者备案。

（七）办理聘任手续。

第十一条 机关不得聘任有下列情形之一的人员：

（一）曾因犯罪受过刑事处罚的；

（二）曾被开除公职或者因违纪违法被机关、事业单位解除聘任合同或者聘用合同的；

（三）涉嫌违纪违法正在接受专门机关审查尚未作出结论的；

（四）受纪律处分期间或者未满影响期限的；

（五）按照有关规定被列为失信联合惩戒对象的；

（六）法律法规规定的其他不得担任公务员情形的。

第三章 聘任合同

第十二条 机关聘任公务员，应当按照平等自愿、协商一致的原则，与所聘公务员签订书面的聘任合同，确定双方的权利和义务。

第十三条 聘任合同应当具备合同期限，职位及其职责要求，工作条件，工资、福利、保险待遇，解除聘任合同情形，违约责任等条款。

聘任机关与所聘公务员根据需要，可以在聘任合同中约定前款规定之外的保密管理、离职后从业限制等其他事项。

第十四条 聘任合同期限为一年至五年，由聘任机关根据工作任务和目标与拟聘任公务员协商确定。首次签订聘任合同的，可以约定试用期，试用期为一个月至六个月。

聘任为领导职务的，聘任合同期限为三年至五年，试用期为一年。

第十五条 聘任合同经双方协商一致，可以变更或者解除。变更或者解除聘任合同，应当采用书面形式。

第十六条 有下列情形之一的，聘任机关可以解除聘任合同：

（一）未经批准在其他单位兼职的；

（二）患病或者非因公负伤规定医疗期满后，不能从事原工作的；

（三）因订立合同所依据的客观情况发生重大变化，致使合同无法继续履行，经双方协商，未能就变更聘任合同内容达成协议的；

（四）法律法规规定或者聘任合同约定聘任机关可以解除聘任合同的其他情形。

聘任机关因前款第（二）、（三）项情形之一解除聘任合同的，应当提前三十日以书面形式通知聘任制公务员本人。

第十七条　有下列情形之一的，聘任机关应当解除聘任合同：

（一）经试用不符合聘任条件的；

（二）聘期内年度考核不称职的；

（三）不履行公务员义务，不遵守公务员纪律，经教育仍无转变，不适合继续在机关工作的；（四）除本规定第十六条第一款第（二）项的情形外，其他因个人原因不能正常履行聘任合同约定工作职责的；

（五）旷工或者因公外出、请假期满无正当理由逾期不归连续超过十五天，或者一年内累计超过三十天的；

（六）有严重违纪违法行为或者被依法追究刑事责任的；

（七）法律法规规定或者聘任合同约定聘任机关应当解除聘任合同的其他情形。

第十八条　聘任制公务员在聘期内有公务员法规定不得辞退情形之一的，聘任机关不得解除聘任合同，但有本规定第十六条第一款第（一）项和第十七条第（一）、（三）、（五）、（六）、（七）项情形的除外。

第十九条　有下列情形之一的，聘任制公务员以书面形式通知机关后可以解除聘任合同：

（一）在试用期内的；

（二）聘任机关未按照聘任合同约定支付工资、未依法为聘任制公务员缴纳社会保险费等，或者未提供必要工作条件的；

（三）法律法规规定或者聘任合同约定聘任制公务员可以解除聘任合同的其他情形。

第二十条　聘任制公务员可以申请解除聘任合同，但有下列情形之一的除外：

（一）重要公务尚未处理完毕，且必须由本人继续处理的；

（二）正在接受审计、纪律审查，或者涉嫌犯罪，司法程序尚未终结的；

（三）法律法规规定或者聘任合同约定的其他不得解除聘任合同的情形。

聘任制公务员申请解除聘任合同，应当以书面形式向聘任机关提出。聘任机关应当在三十日内予以答复，未在规定时间内答复的视为同意解除聘任合同。未获批准前，聘任制公务员不得自行离职。

第二十一条 依照本规定第十六条第一款第（二）、（三）项解除聘任合同的，聘任机关应当向聘任制公务员支付经济补偿。经济补偿按照聘任制公务员在本机关工作的年限，每满一年支付一个月工资的标准执行。工作六个月以上不满一年的，支付一个月工资的经济补偿；不满六个月的，支付半个月工资的经济补偿。

依照本规定第十九条第（二）项解除聘任合同的，聘任机关应当按照合同约定支付工资，补缴社会保险费，并承担相应违约责任。

第二十二条 聘任合同期满或者聘任合同约定的终止条件出现，聘任合同即行终止。

聘任制公务员患病或者非因公负伤在规定的医疗期内的，女性在孕期、产假、哺乳期内的，聘任合同应当延续至相应的情形消失时终止，本人要求不延续的除外。

第二十三条 聘任合同解除或者终止，聘任机关应当出具解除或者终止聘任合同的书面证明，按规定办理人事档案、社会保险关系转移等相关手续；聘任制公务员应当按照要求进行公务交接，并履行法律法规规定和聘任合同约定的相关义务。

第二十四条 聘任合同的签订、变更、解除或者终止，应当报同级公务员主管部门备案。

第四章 日常管理

第二十五条 聘任制公务员试用期满合格后，聘任机关按照有关规定进行聘任制公务员登记，人事档案由聘任机关管理和保存。

第二十六条 聘任机关根据公务员考核有关规定，依据聘任合同全面考核聘任制公务员的德、能、勤、绩、廉，重点考核其完成聘任合同确定的工作任务情况。考核结果作为聘任制公务员获得工资、奖励等的依据。

聘任制公务员的考核坚持平时考核和定期考核相结合，定期考核一般按照年度进行，必要时可以采取聘期考核、绩效考核、目标责任考核等方式，考核结果应当向本人反馈。

第二十七条 聘任制公务员在聘期内一般不得变动职位。

聘任机关根据工作需要、考核结果和聘任制公务员本人意愿，经省级以上公务员主管部门批准，聘任合同期满后可以续聘。

对在专业性较强的职位上表现突出、作出显著成绩和贡献、工作长期需要的聘任制公务员，聘期满五年，年度考核结果均为称职以上或者聘期考核结果为优秀的，经省级以上公务员主管部门批准，可以转为委任制公务员。

第二十八条 聘任制公务员实行协议工资制，聘任制公务员工资一般按月支付，也可以实行年薪制等特殊工资政策。

聘任机关应当根据聘任职位，综合考虑市场同类人员和本单位其他公务员工资水平等因素，提出聘任职位所需的工资额度，报同级人力资源社会保障、财政部门核定。聘任制公务员的工资水平根据市场同类人员和本单位其他公务员工资水平调整情况进行调整。

第二十九条 聘任制公务员按照国家规定和聘任协议享受住房补贴、医疗补助等。

第三十条 聘任制公务员按照国家有关规定参加基本养老保险和职业年金、基本医疗保险、工伤保险、失业保险、生育保险。

第三十一条 聘任制公务员工资、福利、保险等待遇所需经费，通过政府预算安排。

第三十二条 国家鼓励聘任制公务员在工作中进行发明创造，对取得显著经济效益或者社会效益的给予奖励。

符合条件的聘任制公务员，经批准可以参加中央和地方各级重大人才工程和科研项目评选。

第三十三条 聘任制公务员与聘任机关之间因履行聘任合同发生争议的，可以依据有关规定申请人事争议仲裁。当事人对仲裁裁决不服的，可以按照有关规定向人民法院提起诉讼。仲裁裁决生效后，一方当事人不履行的，另一方当事人可以申请人民法院执行。

第五章 纪律监督

第三十四条 聘任制公务员必须遵守公务员法等相关法律法规规定和聘任合同约定的纪律要求。

聘任制公务员在履行职责中有弄虚作假、滥用职权、玩忽职守、徇私舞弊等违纪违法行为的，依照有关规定给予批评教育、组织处理或者纪律处分；构成犯罪的，依法追究刑事责任。

第三十五条 机关公开招聘和直接选聘公务员应当依法接受监督。组织招聘时，公务员主管部门和机关应当及时受理举报，并按照管理权限处理。

有下列情形之一的，省级以上公务员主管部门或者经授权同意的设区的市级公务员主管部门视情况分别予以责令纠正或者宣布无效；对负有领导责任和直接责任的人员，根据情节轻重，给予批评教育、组织处理或者纪律处分；构成犯罪的，依法追究刑事责任：

（一）不按规定的编制限额进行聘任的；

（二）不按规定的资格条件和程序聘任的；

（三）未经授权，擅自出台、变更聘任政策，造成不良影响的；

（四）聘任工作中徇私舞弊的。

第三十六条 从事聘任工作的人员有下列情形之一的，按照管理职能和权限，视情节轻重，给予批评教育、组织处理或者纪律处分；构成犯罪的，依法追究刑事责任：

（一）泄露试题或者其他招聘秘密信息的；

（二）弄虚作假进行聘任的；

（三）利用工作便利，协助应聘人员作弊的；

（四）因工作失职造成不良后果的；

（五）违反法律法规及本规定的其他行为的。

第三十七条 对违反招聘纪律的应聘人员，视情节轻重，分别给予批评教育，取消考试测评、考察与体检资格，不予聘任或者解除聘任合同等处理。

应聘人员在考试及相关环节中违纪违规行为的认定与处理，参照公务员考试录用违纪违规行为处理有关规定执行。

第三十八条 除本规定第十九条所列情形外，聘任制公务员提出解除聘任合同的，按照公务员从业限制有关规定，领导职务公务员在离职三年内，其他公务员在离职两年内，不得到与原工作业务直接相关的企业或者其他营利性组织任职，不得从事与原工作业务直接相关的营利性活动。

第六章　附　　则

第三十九条　法律法规对领导职务聘任另有规定的，从其规定。

第四十条　参照公务员法管理机关（单位）聘任工勤人员以外的工作人员，参照本规定执行。

第四十一条　本规定由中共中央组织部、人力资源社会保障部及国家公务员局负责解释。

第四十二条　本规定自 2017 年 9 月 19 日起施行。2011 年 1 月 28 日中共中央组织部、人力资源社会保障部印发的《聘任制公务员管理试点办法》同时废止。

中华人民共和国公职人员政务处分法

（2020 年 6 月 20 日第十三届全国人民代表大会常务委员会第十九次会议通过　2020 年 6 月 20 日中华人民共和国主席令第 46 号公布　自 2020 年 7 月 1 日起施行）

第一章　总　　则

第一条　为了规范政务处分，加强对所有行使公权力的公职人员的监督，促进公职人员依法履职、秉公用权、廉洁从政从业、坚持道德操守，根据《中华人民共和国监察法》，制定本法。

第二条　本法适用于监察机关对违法的公职人员给予政务处分的活动。

本法第二章、第三章适用于公职人员任免机关、单位对违法的公职人员给予处分。处分的程序、申诉等适用其他法律、行政法规、国务院部门规章和国家有关规定。

本法所称公职人员，是指《中华人民共和国监察法》第十五条规定的人员。

第三条　监察机关应当按照管理权限，加强对公职人员的监督，依法给予违法的公职人员政务处分。

公职人员任免机关、单位应当按照管理权限，加强对公职人员的教育、管理、监督，依法给予违法的公职人员处分。

监察机关发现公职人员任免机关、单位应当给予处分而未给予，或者给予的处分违法、不当的，应当及时提出监察建议。

第四条 给予公职人员政务处分，坚持党管干部原则，集体讨论决定；坚持法律面前一律平等，以事实为根据，以法律为准绳，给予的政务处分与违法行为的性质、情节、危害程度相当；坚持惩戒与教育相结合，宽严相济。

第五条 给予公职人员政务处分，应当事实清楚、证据确凿、定性准确、处理恰当、程序合法、手续完备。

第六条 公职人员依法履行职责受法律保护，非因法定事由、非经法定程序，不受政务处分。

第二章 政务处分的种类和适用

第七条 政务处分的种类为：

（一）警告；

（二）记过；

（三）记大过；

（四）降级；

（五）撤职；

（六）开除。

第八条 政务处分的期间为：

（一）警告，六个月；

（二）记过，十二个月；

（三）记大过，十八个月；

（四）降级、撤职，二十四个月。

政务处分决定自作出之日起生效，政务处分期自政务处分决定生效之日起计算。

第九条 公职人员二人以上共同违法，根据各自在违法行为中所起的作用和应当承担的法律责任，分别给予政务处分。

第十条 有关机关、单位、组织集体作出的决定违法或者实施违法行为的，对负有责任的领导人员和直接责任人员中的公职人员依法给予政务处分。

第十一条 公职人员有下列情形之一的，可以从轻或者减轻给予政务处分：

（一）主动交代本人应当受到政务处分的违法行为的；

（二）配合调查，如实说明本人违法事实的；

（三）检举他人违纪违法行为，经查证属实的；

（四）主动采取措施，有效避免、挽回损失或者消除不良影响的；

（五）在共同违法行为中起次要或者辅助作用的；

（六）主动上交或者退赔违法所得的；

（七）法律、法规规定的其他从轻或者减轻情节。

第十二条 公职人员违法行为情节轻微，且具有本法第十一条规定的情形之一的，可以对其进行谈话提醒、批评教育、责令检查或者予以诫勉，免予或者不予政务处分。

公职人员因不明真相被裹挟或者被胁迫参与违法活动，经批评教育后确有悔改表现的，可以减轻、免予或者不予政务处分。

第十三条 公职人员有下列情形之一的，应当从重给予政务处分：

（一）在政务处分期内再次故意违法，应当受到政务处分的；

（二）阻止他人检举、提供证据的；

（三）串供或者伪造、隐匿、毁灭证据的；

（四）包庇同案人员的；

（五）胁迫、唆使他人实施违法行为的；

（六）拒不上交或者退赔违法所得的；

（七）法律、法规规定的其他从重情节。

第十四条 公职人员犯罪，有下列情形之一的，予以开除：

（一）因故意犯罪被判处管制、拘役或者有期徒刑以上刑罚（含宣告缓刑）的；

（二）因过失犯罪被判处有期徒刑，刑期超过三年的；

（三）因犯罪被单处或者并处剥夺政治权利的。

因过失犯罪被判处管制、拘役或者三年以下有期徒刑的，一般应当予以开除；案件情况特殊，予以撤职更为适当的，可以不予开除，但是应当报请上一级机关批准。

公职人员因犯罪被单处罚金，或者犯罪情节轻微，人民检察院依法作出不起诉决定或者人民法院依法免予刑事处罚的，予以撤职；造成不良影响的，予以开除。

第十五条 公职人员有两个以上违法行为的，应当分别确定政务处分。应当给予两种以上政务处分的，执行其中最重的政务处分；应当给予撤职以下多个相同政务处分的，可以在一个政务处分期以上、多个政务处分期之和以下确定政务处分期，但是最长不得超过四十八个月。

第十六条 对公职人员的同一违法行为，监察机关和公职人员任免机关、单位不得重复给予政务处分和处分。

第十七条 公职人员有违法行为，有关机关依照规定给予组织处理的，监察机关可以同时给予政务处分。

第十八条 担任领导职务的公职人员有违法行为，被罢免、撤销、免去或者辞去领导职务的，监察机关可以同时给予政务处分。

第十九条 公务员以及参照《中华人民共和国公务员法》管理的人员在政务处分期内，不得晋升职务、职级、衔级和级别；其中，被记过、记大过、降级、撤职的，不得晋升工资档次。被撤职的，按照规定降低职务、职级、衔级和级别，同时降低工资和待遇。

第二十条 法律、法规授权或者受国家机关依法委托管理公共事务的组织中从事公务的人员，以及公办的教育、科研、文化、医疗卫生、体育等单位中从事管理的人员，在政务处分期内，不得晋升职务、岗位和职员等级、职称；其中，被记过、记大过、降级、撤职的，不得晋升薪酬待遇等级。被撤职的，降低职务、岗位或者职员等级，同时降低薪酬待遇。

第二十一条 国有企业管理人员在政务处分期内，不得晋升职务、岗位等级和职称；其中，被记过、记大过、降级、撤职的，不得晋升薪酬待遇等级。被撤职的，降低职务或者岗位等级，同时降低薪酬待遇。

第二十二条 基层群众性自治组织中从事管理的人员有违法行为的，监察机关可以予以警告、记过、记大过。

基层群众性自治组织中从事管理的人员受到政务处分的，应当由县级或者乡镇人民政府根据具体情况减发或者扣发补贴、奖金。

第二十三条 《中华人民共和国监察法》第十五条第六项规定的人员有违法行为的，监察机关可以予以警告、记过、记大过。情节严重的，由所在单位直接给予或者监察机关建议有关机关、单位给予降低薪酬待遇、调离岗位、解除人事关系或者劳动关系等处理。

《中华人民共和国监察法》第十五条第二项规定的人员，未担任公务员、参照《中华人民共和国公务员法》管理的人员、事业单位工作人员或者国有企业人员职务的，对其违法行为依照前款规定处理。

第二十四条 公职人员被开除，或者依照本法第二十三条规定，受到解除人事关系或者劳动关系处理的，不得录用为公务员以及参照《中华人民共和国公务员法》管理的人员。

第二十五条 公职人员违法取得的财物和用于违法行为的本人财物，除依法应当由其他机关没收、追缴或者责令退赔的，由监察机关没收、追缴或者责令退赔；应当退还原所有人或者原持有人的，依法予以退还；属于国家财产或者不应当退还以及无法退还的，上缴国库。

公职人员因违法行为获得的职务、职级、衔级、级别、岗位和职员等级、职称、待遇、资格、学历、学位、荣誉、奖励等其他利益，监察机关应当建议有关机关、单位、组织按规定予以纠正。

第二十六条 公职人员被开除的，自政务处分决定生效之日起，应当解除其与所在机关、单位的人事关系或者劳动关系。

公职人员受到开除以外的政务处分，在政务处分期内有悔改表现，并且没有再发生应当给予政务处分的违法行为的，政务处分期满后自动解除，晋升职务、职级、衔级、级别、岗位和职员等级、职称、薪酬待遇不再受原政务处分影响。但是，解除降级、撤职的，不恢复原职务、职级、衔级、级别、岗位和职员等级、职称、薪酬待遇。

第二十七条 已经退休的公职人员退休前或者退休后有违法行为的，不再给予政务处分，但是可以对其立案调查；依法应当予以降级、撤职、开除的，应当按照规定相应调整其享受的待遇，对其违法取得的财物和用于违法行为的本人财物依照本法第二十五条的规定处理。

已经离职或者死亡的公职人员在履职期间有违法行为的，依照前款规定处理。

第三章　违法行为及其适用的政务处分

第二十八条　有下列行为之一的，予以记过或者记大过；情节较重的，予以降级或者撤职；情节严重的，予以开除：

（一）散布有损宪法权威、中国共产党领导和国家声誉的言论的；

（二）参加旨在反对宪法、中国共产党领导和国家的集会、游行、示威等活动的；

（三）拒不执行或者变相不执行中国共产党和国家的路线方针政策、重大决策部署的；

（四）参加非法组织、非法活动的；

（五）挑拨、破坏民族关系，或者参加民族分裂活动的；

（六）利用宗教活动破坏民族团结和社会稳定的；

（七）在对外交往中损害国家荣誉和利益的。

有前款第二项、第四项、第五项和第六项行为之一的，对策划者、组织者和骨干分子，予以开除。

公开发表反对宪法确立的国家指导思想，反对中国共产党领导，反对社会主义制度，反对改革开放的文章、演说、宣言、声明等的，予以开除。

第二十九条　不按照规定请示、报告重大事项，情节较重的，予以警告、记过或者记大过；情节严重的，予以降级或者撤职。

违反个人有关事项报告规定，隐瞒不报，情节较重的，予以警告、记过或者记大过。

篡改、伪造本人档案资料的，予以记过或者记大过；情节严重的，予以降级或者撤职。

第三十条　有下列行为之一的，予以警告、记过或者记大过；情节严重的，予以降级或者撤职：

（一）违反民主集中制原则，个人或者少数人决定重大事项，或者拒不执行、擅自改变集体作出的重大决定的；

（二）拒不执行或者变相不执行、拖延执行上级依法作出的决定、命令的。

第三十一条　违反规定出境或者办理因私出境证件的，予以记过或者记大过；情节严重的，予以降级或者撤职。

违反规定取得外国国籍或者获取境外永久居留资格、长期居留许可的，予以撤职或者开除。

第三十二条 有下列行为之一的，予以警告、记过或者记大过；情节较重的，予以降级或者撤职；情节严重的，予以开除：

（一）在选拔任用、录用、聘用、考核、晋升、评选等干部人事工作中违反有关规定的；

（二）弄虚作假，骗取职务、职级、衔级、级别、岗位和职员等级、职称、待遇、资格、学历、学位、荣誉、奖励或者其他利益的；

（三）对依法行使批评、申诉、控告、检举等权利的行为进行压制或者打击报复的；

（四）诬告陷害，意图使他人受到名誉损害或者责任追究等不良影响的；

（五）以暴力、威胁、贿赂、欺骗等手段破坏选举的。

第三十三条 有下列行为之一的，予以警告、记过或者记大过；情节较重的，予以降级或者撤职；情节严重的，予以开除：

（一）贪污贿赂的；

（二）利用职权或者职务上的影响为本人或者他人谋取私利的；

（三）纵容、默许特定关系人利用本人职权或者职务上的影响谋取私利的。

拒不按照规定纠正特定关系人违规任职、兼职或者从事经营活动，且不服从职务调整的，予以撤职。

第三十四条 收受可能影响公正行使公权力的礼品、礼金、有价证券等财物的，予以警告、记过或者记大过；情节较重的，予以降级或者撤职；情节严重的，予以开除。

向公职人员及其特定关系人赠送可能影响公正行使公权力的礼品、礼金、有价证券等财物，或者接受、提供可能影响公正行使公权力的宴请、旅游、健身、娱乐等活动安排，情节较重的，予以警告、记过或者记大过；情节严重的，予以降级或者撤职。

第三十五条 有下列行为之一，情节较重的，予以警告、记过或者记大过；情节严重的，予以降级或者撤职：

（一）违反规定设定、发放薪酬或者津贴、补贴、奖金的；

（二）违反规定，在公务接待、公务交通、会议活动、办公用房以及其他工作生活保障等方面超标准、超范围的；

（三）违反规定公款消费的。

第三十六条 违反规定从事或者参与营利性活动，或者违反规定兼任职务、领取报酬的，予以警告、记过或者记大过；情节较重的，予以降级或者撤职；情节严重的，予以开除。

第三十七条 利用宗族或者黑恶势力等欺压群众，或者纵容、包庇黑恶势力活动的，予以撤职；情节严重的，予以开除。

第三十八条 有下列行为之一，情节较重的，予以警告、记过或者记大过；情节严重的，予以降级或者撤职：

（一）违反规定向管理服务对象收取、摊派财物的；

（二）在管理服务活动中故意刁难、吃拿卡要的；

（三）在管理服务活动中态度恶劣粗暴，造成不良后果或者影响的；

（四）不按照规定公开工作信息，侵犯管理服务对象知情权，造成不良后果或者影响的；

（五）其他侵犯管理服务对象利益的行为，造成不良后果或者影响的。

有前款第一项、第二项和第五项行为，情节特别严重的，予以开除。

第三十九条 有下列行为之一，造成不良后果或者影响的，予以警告、记过或者记大过；情节较重的，予以降级或者撤职；情节严重的，予以开除：

（一）滥用职权，危害国家利益、社会公共利益或者侵害公民、法人、其他组织合法权益的；

（二）不履行或者不正确履行职责，玩忽职守，贻误工作的；

（三）工作中有形式主义、官僚主义行为的；

（四）工作中有弄虚作假，误导、欺骗行为的；

（五）泄露国家秘密、工作秘密，或者泄露因履行职责掌握的商业秘密、个人隐私的。

第四十条 有下列行为之一的，予以警告、记过或者记大过；情节较重的，予以降级或者撤职；情节严重的，予以开除：

（一）违背社会公序良俗，在公共场所有不当行为，造成不良影响的；

（二）参与或者支持迷信活动，造成不良影响的；

（三）参与赌博的；

（四）拒不承担赡养、抚养、扶养义务的；

（五）实施家庭暴力，虐待、遗弃家庭成员的；

（六）其他严重违反家庭美德、社会公德的行为。

吸食、注射毒品，组织赌博，组织、支持、参与卖淫、嫖娼、色情淫乱活动的，予以撤职或者开除。

第四十一条 公职人员有其他违法行为，影响公职人员形象，损害国家和人民利益的，可以根据情节轻重给予相应政务处分。

第四章 政务处分的程序

第四十二条 监察机关对涉嫌违法的公职人员进行调查，应当由二名以上工作人员进行。监察机关进行调查时，有权依法向有关单位和个人了解情况，收集、调取证据。有关单位和个人应当如实提供情况。

严禁以威胁、引诱、欺骗及其他非法方式收集证据。以非法方式收集的证据不得作为给予政务处分的依据。

第四十三条 作出政务处分决定前，监察机关应当将调查认定的违法事实及拟给予政务处分的依据告知被调查人，听取被调查人的陈述和申辩，并对其陈述的事实、理由和证据进行核实，记录在案。被调查人提出的事实、理由和证据成立的，应予采纳。不得因被调查人的申辩而加重政务处分。

第四十四条 调查终结后，监察机关应当根据下列不同情况，分别作出处理：

（一）确有应受政务处分的违法行为的，根据情节轻重，按照政务处分决定权限，履行规定的审批手续后，作出政务处分决定；

（二）违法事实不能成立的，撤销案件；

（三）符合免予、不予政务处分条件的，作出免予、不予政务处分决定；

（四）被调查人涉嫌其他违法或者犯罪行为的，依法移送主管机关处理。

第四十五条 决定给予政务处分的，应当制作政务处分决定书。

政务处分决定书应当载明下列事项：

（一）被处分人的姓名、工作单位和职务；

（二）违法事实和证据；

（三）政务处分的种类和依据；

（四）不服政务处分决定，申请复审、复核的途径和期限；

（五）作出政务处分决定的机关名称和日期。

政务处分决定书应当盖有作出决定的监察机关的印章。

第四十六条 政务处分决定书应当及时送达被处分人和被处分人所在机关、单位，并在一定范围内宣布。

作出政务处分决定后，监察机关应当根据被处分人的具体身份书面告知相关的机关、单位。

第四十七条 参与公职人员违法案件调查、处理的人员有下列情形之一的，应当自行回避，被调查人、检举人及其他有关人员也有权要求其回避：

（一）是被调查人或者检举人的近亲属的；

（二）担任过本案的证人的；

（三）本人或者其近亲属与调查的案件有利害关系的；

（四）可能影响案件公正调查、处理的其他情形。

第四十八条 监察机关负责人的回避，由上级监察机关决定；其他参与违法案件调查、处理人员的回避，由监察机关负责人决定。

监察机关或者上级监察机关发现参与违法案件调查、处理人员有应当回避情形的，可以直接决定该人员回避。

第四十九条 公职人员依法受到刑事责任追究的，监察机关应当根据司法机关的生效判决、裁定、决定及其认定的事实和情节，依照本法规定给予政务处分。

公职人员依法受到行政处罚，应当给予政务处分的，监察机关可以根据行政处罚决定认定的事实和情节，经立案调查核实后，依照本法给予政务处分。

监察机关根据本条第一款、第二款的规定作出政务处分后，司法机关、行政机关依法改变原生效判决、裁定、决定等，对原政务处分决定产生影响的，监察机关应当根据改变后的判决、裁定、决定等重新作出相应处理。

第五十条 监察机关对经各级人民代表大会、县级以上各级人民代表大会常务委员会选举或者决定任命的公职人员予以撤职、开除的，应当先依法罢免、撤销或者免去其职务，再依法作出政务处分决定。

监察机关对经中国人民政治协商会议各级委员会全体会议或者其常务委员会选举或者决定任命的公职人员予以撤职、开除的，应当先依章程免去其职务，再依法作出政务处分决定。

监察机关对各级人民代表大会代表、中国人民政治协商会议各级委员会委员给予政务处分的，应当向有关的人民代表大会常务委员会，乡、民族乡、镇的人民代表大会主席团或者中国人民政治协商会议委员会常务委员会通报。

第五十一条 下级监察机关根据上级监察机关的指定管辖决定进行调查的案件，调查终结后，对不属于本监察机关管辖范围内的监察对象，应当交有管理权限的监察机关依法作出政务处分决定。

第五十二条 公职人员涉嫌违法，已经被立案调查，不宜继续履行职责的，公职人员任免机关、单位可以决定暂停其履行职务。

公职人员在被立案调查期间，未经监察机关同意，不得出境、辞去公职；被调查公职人员所在机关、单位及上级机关、单位不得对其交流、晋升、奖励、处分或者办理退休手续。

第五十三条 监察机关在调查中发现公职人员受到不实检举、控告或者诬告陷害，造成不良影响的，应当按照规定及时澄清事实，恢复名誉，消除不良影响。

第五十四条 公职人员受到政务处分的，应当将政务处分决定书存入其本人档案。对于受到降级以上政务处分的，应当由人事部门按照管理权限在作出政务处分决定后一个月内办理职务、工资及其他有关待遇等的变更手续；特殊情况下，经批准可以适当延长办理期限，但是最长不得超过六个月。

第五章 复审、复核

第五十五条 公职人员对监察机关作出的涉及本人的政务处分决

定不服的，可以依法向作出决定的监察机关申请复审；公职人员对复审决定仍不服的，可以向上一级监察机关申请复核。

监察机关发现本机关或者下级监察机关作出的政务处分决定确有错误的，应当及时予以纠正或者责令下级监察机关及时予以纠正。

第五十六条 复审、复核期间，不停止原政务处分决定的执行。

公职人员不因提出复审、复核而被加重政务处分。

第五十七条 有下列情形之一的，复审、复核机关应当撤销原政务处分决定，重新作出决定或者责令原作出决定的监察机关重新作出决定：

（一）政务处分所依据的违法事实不清或者证据不足的；

（二）违反法定程序，影响案件公正处理的；

（三）超越职权或者滥用职权作出政务处分决定的。

第五十八条 有下列情形之一的，复审、复核机关应当变更原政务处分决定，或者责令原作出决定的监察机关予以变更：

（一）适用法律、法规确有错误的；

（二）对违法行为的情节认定确有错误的；

（三）政务处分不当的。

第五十九条 复审、复核机关认为政务处分决定认定事实清楚，适用法律正确的，应当予以维持。

第六十条 公职人员的政务处分决定被变更，需要调整该公职人员的职务、职级、衔级、级别、岗位和职员等级或者薪酬待遇等的，应当按照规定予以调整。政务处分决定被撤销的，应当恢复该公职人员的级别、薪酬待遇，按照原职务、职级、衔级、岗位和职员等级安排相应的职务、职级、衔级、岗位和职员等级，并在原政务处分决定公布范围内为其恢复名誉。没收、追缴财物错误的，应当依法予以返还、赔偿。

公职人员因有本法第五十七条、第五十八条规定的情形被撤销政务处分或者减轻政务处分的，应当对其薪酬待遇受到的损失予以补偿。

第六章 法律责任

第六十一条 有关机关、单位无正当理由拒不采纳监察建议的，由其上级机关、主管部门责令改正，对该机关、单位给予通报批评，对负有责任的领导人员和直接责任人员依法给予处理。

第六十二条 有关机关、单位、组织或者人员有下列情形之一的，由其上级机关，主管部门，任免机关、单位或者监察机关责令改正，依法给予处理：

（一）拒不执行政务处分决定的；

（二）拒不配合或者阻碍调查的；

（三）对检举人、证人或者调查人员进行打击报复的；

（四）诬告陷害公职人员的；

（五）其他违反本法规定的情形。

第六十三条 监察机关及其工作人员有下列情形之一的，对负有责任的领导人员和直接责任人员依法给予处理：

（一）违反规定处置问题线索的；

（二）窃取、泄露调查工作信息，或者泄露检举事项、检举受理情况以及检举人信息的；

（三）对被调查人或者涉案人员逼供、诱供，或者侮辱、打骂、虐待、体罚或者变相体罚的；

（四）收受被调查人或者涉案人员的财物以及其他利益的；

（五）违反规定处置涉案财物的；

（六）违反规定采取调查措施的；

（七）利用职权或者职务上的影响干预调查工作、以案谋私的；

（八）违反规定发生办案安全事故，或者发生安全事故后隐瞒不报、报告失实、处置不当的；

（九）违反回避等程序规定，造成不良影响的；

（十）不依法受理和处理公职人员复审、复核的；

（十一）其他滥用职权、玩忽职守、徇私舞弊的行为。

第六十四条 违反本法规定，构成犯罪的，依法追究刑事责任。

第七章　附　　则

第六十五条 国务院及其相关主管部门根据本法的原则和精神，结合事业单位、国有企业等的实际情况，对事业单位、国有企业等的违法的公职人员处分事宜作出具体规定。

第六十六条 中央军事委员会可以根据本法制定相关具体规定。

第六十七条 本法施行前，已结案的案件如果需要复审、复核，适用当时的规定。尚未结案的案件，如果行为发生时的规定不认为是违法的，适用当时的规定；如果行为发生时的规定认为是违法的，依照当时的规定处理，但是如果本法不认为是违法或者根据本法处理较轻的，适用本法。

第六十八条 本法自 2020 年 7 月 1 日起施行。

《中华人民共和国公务员法》修订前后对照表①

（左栏黑体部分为删除的内容，右栏黑体部分为增加或修改的内容）

修　订　前	修　订　后
目　录	目　录
第一章　总　则	第一章　总　则
第二章　公务员的条件、义务与权利	第二章　公务员的条件、义务与权利
第三章　职务与级别	第三章　职务、**职级**与级别
第四章　录　用	第四章　录　用
第五章　考　核	第五章　考　核
第六章　职务任免	第六章　职务、**职级**任免
第七章　职务升降	第七章　职务、**职级**升降
第八章　奖　励	第八章　奖　励
第九章　惩　戒	第九章　**监督与**惩戒
第十章　培　训	第十章　培　训
第十一章　交流与回避	第十一章　交流与回避
第十二章　工资福利保险	第十二章　工资、福利**与**保险
第十三章　辞职辞退	第十三章　辞职**与**辞退
第十四章　退　休	第十四章　退　休
第十五章　申诉控告	第十五章　申诉**与**控告
第十六章　职位聘任	第十六章　职位聘任
第十七章　法律责任	第十七章　法律责任
第十八章　附　则	第十八章　附　则

① 本条文对照表为2017年9月1日修正与2018年12月29日修订《公务员法》的条文对照。

修　订　前	修　订　后
第一章　总　则	**第一章　总　则**
第一条　为了规范公务员的管理，保障公务员的合法权益，加强对公务员的监督，建设高素质的公务员队伍，**促进勤政廉政，提高工作效能**，根据宪法，制定本法。	**第一条**　为了规范公务员的管理，保障公务员的合法权益，加强对公务员的监督，**促进公务员正确履职尽责**，建设**信念坚定、为民服务、勤政务实、敢于担当、清正廉洁的**高素质**专业化**公务员队伍，根据宪法，制定本法。
第二条　本法所称公务员，是指依法履行公职、纳入国家行政编制、由国家财政负担工资福利的工作人员。	**第二条**　本法所称公务员，是指依法履行公职、纳入国家行政编制、由国家财政负担工资福利的工作人员。 **公务员是干部队伍的重要组成部分，是社会主义事业的中坚力量，是人民的公仆。**
第三条　公务员的义务、权利和管理，适用本法。 法律对公务员中**的**领导成员的产生、任免、监督以及法官、检察官等的义务、权利和管理另有规定的，从其规定。	**第三条**　公务员的义务、权利和管理，适用本法。 法律对公务员中领导成员的产生、任免、监督以及**监察官**、法官、检察官等的义务、权利和管理另有规定的，从其规定。
第四条　公务员制度坚持以马克思列宁主义、毛泽东思想、邓小平理论和“三个代表”重要思想为指导，贯彻社会主义初级阶段的基本路线，贯彻中国共产党的**干部路线和方针**，坚持党管干部原则。	**第四条**　公务员制度**坚持中国共产党领导，**坚持以马克思列宁主义、毛泽东思想、邓小平理论、“三个代表”重要思想、**科学发展观、习近平新时代中国特色社会主义思想**为指导，贯彻社会主义初级阶段的基本路线，贯彻**新时代**中国共产党的**组织路线**，坚持党管干部原则。

修　订　前	修　订　后
第五条　公务员的管理，坚持公开、平等、竞争、择优的原则，依照法定的权限、条件、标准和程序进行。	**第五条**　公务员的管理，坚持公开、平等、竞争、择优的原则，依照法定的权限、条件、标准和程序进行。
第六条　公务员的管理，坚持监督约束与激励保障并重的原则。	**第六条**　公务员的管理，坚持监督约束与激励保障并重的原则。
第七条　公务员的任用，坚持**任人唯贤**、德才兼备**的原则**，注重工作实绩。	**第七条**　公务员的任用，坚持德才兼备**、以德为先，坚持五湖四海、任人唯贤，坚持事业为上、公道正派，突出政治标准**，注重工作实绩。
第八条　国家对公务员实行分类管理，提高管理效能和科学化水平。	**第八条**　国家对公务员实行分类管理，提高管理效能和科学化水平。
	第九条　**公务员就职时应当依照法律规定公开进行宪法宣誓。**
第九条　公务员依法履行**职务**的行为，受法律保护。	**第十条**　公务员依法履行**职责**的行为，受法律保护。
	第十一条　公务员工资、福利、保险以及录用、奖励、培训、辞退等所需经费，列入财政预算，予以保障。 （原第十二章“工资福利保险”中第七十九条移至此）
第十条　中央公务员主管部门负责全国公务员的综合管理工作。县级以上地方各级公务员主管部门负责本辖区内公务员的综合管理工作。上级公务员主管部门指导下级公务员主管部门的公务员管理工作。各级公务员主管部门指导同级各机关的公务员管理工作。	**第十二条**　中央公务员主管部门负责全国公务员的综合管理工作。县级以上地方各级公务员主管部门负责本辖区内公务员的综合管理工作。上级公务员主管部门指导下级公务员主管部门的公务员管理工作。各级公务员主管部门指导同级各机关的公务员管理工作。

修　订　前	修　订　后
第二章　公务员的条件、义务与权利	**第二章　公务员的条件、义务与权利**
第十一条　公务员应当具备下列条件： （一）具有中华人民共和国国籍； （二）年满十八周岁； （三）拥护中华人民共和国宪法； （四）具有良好的品行； （五）具有正常履行职责的身体条件； （六）具有符合职位要求的文化程度和工作能力； （七）法律规定的其他条件。	**第十三条**　公务员应当具备下列条件： （一）具有中华人民共和国国籍； （二）年满十八周岁； （三）拥护中华人民共和国宪法，**拥护中国共产党领导和社会主义制度**； （四）具有良好的**政治素质和道德**品行； （五）具有正常履行职责的身体条件**和心理素质**； （六）具有符合职位要求的文化程度和工作能力； （七）法律规定的其他条件。
第十二条　公务员应当履行下列义务： （一）模范遵守宪法和法律； （二）按照规定的权限和程序**认真**履行职责，努力提高工作效率； （三）全心全意为人民服务，接受人民监督； （四）维护国家的安全、荣誉和利益； （五）忠于职守，勤勉尽责，服从和执行上级依法作出的决定和命令； （六）保守国家秘密和工作秘密； （七）遵守纪律，恪守职业道	**第十四条**　公务员应当履行下列义务： （一）**忠于宪法**，模范遵守、**自觉维护**宪法和法律，**自觉接受中国共产党领导**； **（二）忠于国家**，维护国家的安全、荣誉和利益； （三）**忠于人民**，全心全意为人民服务，接受人民监督； **（四）**忠于职守，勤勉尽责，服从和执行上级依法作出的决定和命令，按照规定的权限和程序履行职责，努力提高工作**质量**和效率； **（五）**保守国家秘密和工作秘密； （六）**带头践行社会主义核心**

修 订 前	修 订 后
德，模范遵守社会公德； （八）清正廉洁，公道正派； （九）法律规定的其他义务。	**价值观，坚守法治，**遵守纪律，恪守职业道德，模范遵守社会公德、**家庭美德；** **（七）**清正廉洁，公道正派； **（八）**法律规定的其他义务。
第十三条 公务员享有下列权利： （一）获得履行职责应当具有的工作条件； （二）非因法定事由、非经法定程序，不被免职、降职、辞退或者处分； （三）获得工资报酬，享受福利、保险待遇； （四）参加培训； （五）对机关工作和领导人员提出批评和建议； （六）提出申诉和控告； （七）申请辞职； （八）法律规定的其他权利。	**第十五条** 公务员享有下列权利： （一）获得履行职责应当具有的工作条件； （二）非因法定事由、非经法定程序，不被免职、降职、辞退或者处分； （三）获得工资报酬，享受福利、保险待遇； （四）参加培训； （五）对机关工作和领导人员提出批评和建议； （六）提出申诉和控告； （七）申请辞职； （八）法律规定的其他权利。
第三章 职务与级别	**第三章 职务、职级与级别**
第十四条 国家实行公务员职位分类制度。 公务员职位类别按照公务员职位的性质、特点和管理需要，划分为综合管理类、专业技术类和行政执法类等类别。**国务院**根据本法，对于具有职位特殊性，需要单独管理的，可以增设其他职位类别。各职位类别的适用范围由国家另行规定。	**第十六条** 国家实行公务员职位分类制度。 公务员职位类别按照公务员职位的性质、特点和管理需要，划分为综合管理类、专业技术类和行政执法类等类别。根据本法，对于具有职位特殊性，需要单独管理的，可以增设其他职位类别。各职位类别的适用范围由国家另行规定。

修　订　前	修　订　后
第十五条　国家根据公务员职位类别设置公务员职务序列。	**第十七条**　国家**实行公务员职务与职级并行制度，**根据公务员职位类别**和职责**设置公务员**领导**职务、**职级**序列。
第十六条　公务员职务**分为领导职务和非领导职务。** 领导职务层次分为：国家级正职、国家级副职、省部级正职、省部级副职、厅局级正职、厅局级副职、县处级正职、县处级副职、乡科级正职、乡科级副职。 **非领导职务层次在厅局级以下设置。**	**第十八条**　公务员**领导**职务**根据宪法、有关法律和机构规格设置。** 领导职务层次分为：国家级正职、国家级副职、省部级正职、省部级副职、厅局级正职、厅局级副职、县处级正职、县处级副职、乡科级正职、乡科级副职。
第十七条　**综合管理类的领导职务根据宪法、有关法律、职务层次和机构规格设置确定。** **综合管理类的非领导职务分为：巡视员、副巡视员、调研员、副调研员、主任科员、副主任科员、科员、办事员。** 综合管理类以外其他职位类别公务员的**职务**序列，根据本法由国家另行规定。	**第十九条**　**公务员职级在厅局级以下设置。** **综合管理类公务员职级序列分为：一级巡视员、二级巡视员、一级调研员、二级调研员、三级调研员、四级调研员、一级主任科员、二级主任科员、三级主任科员、四级主任科员、一级科员、二级科员。** 综合管理类以外其他职位类别公务员的**职级**序列，根据本法由国家另行规定。
第十八条　各机关依照确定的职能、规格、编制限额、职数以及结构比例，设置本机关公务员的具体职位，并确定各职位的工作职责和任职资格条件。	**第二十条**　各机关依照确定的职能、规格、编制限额、职数以及结构比例，设置本机关公务员的具体职位，并确定各职位的工作职责和任职资格条件。

修　订　前	修　订　后
第十九条　公务员的职务应当对应相应的级别。公务员职务与级别的对应关系，由**国务院**规定。 公务员的职务与级别是确定公务员工资及其他待遇的依据。 公务员的级别根据所任职务及其德才表现、工作实绩和资历确定。公务员在同一职务上，可以按照国家规定晋升级别。	**第二十一条**　公务员的**领导**职务、**职级**应当对应相应的级别。公务员**领导**职务、**职级**与级别的对应关系，由**国家**规定。 **根据工作需要和领导职务与职级的对应关系，公务员担任的领导职务和职级可以互相转任、兼任；符合规定资格条件的，可以晋升领导职务或者职级。** 公务员的级别根据所任**领导**职务、**职级**及其德才表现、工作实绩和资历确定。公务员在同一**领导**职务、**职级**上，可以按照国家规定晋升级别。 公务员的**领导**职务、**职级**与级别是确定公务员工资以及其他待遇的依据。
第二十条　国家根据人民警察以及海关、驻外外交机构公务员的工作特点，设置与其职务相对应的衔级。	**第二十二条**　国家根据人民警察、**消防救援人员**以及海关、驻外外交机构**等**公务员的工作特点，设置与其**领导**职务、**职级**相对应的衔级。
第四章　录　用	**第四章　录　用**
第二十一条　录用担任主任科员以下及其他相当**职务**层次的**非领导职务**公务员，采取公开考试、严格考察、平等竞争、择优录取的办法。 民族自治地方依照前款规定录用公务员时，依照法律和有关规定对少数民族报考者予以适当照顾。	**第二十三条**　录用担任**一级**主任科员以下及其他相当**职级**层次的公务员，采取公开考试、严格考察、平等竞争、择优录取的办法。 民族自治地方依照前款规定录用公务员时，依照法律和有关规定对少数民族报考者予以适当照顾。

修　订　前	修　订　后
第二十二条　中央机关及其直属机构公务员的录用，由中央公务员主管部门负责组织。地方各级机关公务员的录用，由省级公务员主管部门负责组织，必要时省级公务员主管部门可以授权设区的市级公务员主管部门组织。	**第二十四条**　中央机关及其直属机构公务员的录用，由中央公务员主管部门负责组织。地方各级机关公务员的录用，由省级公务员主管部门负责组织，必要时省级公务员主管部门可以授权设区的市级公务员主管部门组织。
第二十三条　报考公务员，除应当具备本法**第十一条**规定的条件外，还应当具备省级以上公务员主管部门规定的拟任职位所要求的资格条件。 国家对行政机关中初次从事行政处罚决定审核、行政复议、行政裁决、法律顾问的公务员实行统一法律职业资格考试制度，由国务院司法行政部门商有关部门组织实施。	**第二十五条**　报考公务员，除应当具备本法**第十三条**规定的条件以外，还应当具备省级以上公务员主管部门规定的拟任职位所要求的资格条件。 国家对行政机关中初次从事行政处罚决定审核、行政复议、行政裁决、法律顾问的公务员实行统一法律职业资格考试制度，由国务院司法行政部门商有关部门组织实施。
第二十四条　下列人员不得录用为公务员： （一）**曾**因犯罪受过刑事处罚的； （二）**曾**被开除公职的； （三）有法律规定不得录用为公务员的其他情形的。	**第二十六条**　下列人员不得录用为公务员： （一）因犯罪受过刑事处罚的； **（二）被开除中国共产党党籍的；** **（三）**被开除公职的； **（四）被依法列为失信联合惩戒对象的；** **（五）**有法律规定不得录用为公务员的其他情形的。
第二十五条　录用公务员，**必须**在规定的编制限额内，并有相应的职位空缺。	**第二十七条**　录用公务员，**应当**在规定的编制限额内，并有相应的职位空缺。

修 订 前	修 订 后
第二十六条 录用公务员，应当发布招考公告。招考公告应当载明招考的职位、名额、报考资格条件、报考需要提交的申请材料以及其他报考须知事项。 招录机关应当采取措施，便利公民报考。	**第二十八条** 录用公务员，应当发布招考公告。招考公告应当载明招考的职位、名额、报考资格条件、报考需要提交的申请材料以及其他报考须知事项。 招录机关应当采取措施，便利公民报考。
第二十七条 招录机关根据报考资格条件对报考申请进行审查。报考者提交的申请材料应当真实、准确。	**第二十九条** 招录机关根据报考资格条件对报考申请进行审查。报考者提交的申请材料应当真实、准确。
第二十八条 公务员录用考试采取笔试和面试**的**方式进行，考试内容根据公务员应当具备的基本能力和不同职位类别分别设置。	**第三十条** 公务员录用考试采取笔试和面试**等**方式进行，考试内容根据公务员应当具备的基本能力和不同职位类别、**不同层级机关**分别设置。
第二十九条 招录机关根据考试成绩确定考察人选，并**对其**进行报考资格复审、考察和体检。 体检的项目和标准根据职位要求确定。具体办法由中央公务员主管部门会同国务院**卫生**行政部门规定。	**第三十一条** 招录机关根据考试成绩确定考察人选，并进行报考资格复审、考察和体检。 体检的项目和标准根据职位要求确定。具体办法由中央公务员主管部门会同国务院**卫生健康**行政部门规定。
第三十条 招录机关根据考试成绩、考察情况和体检结果，提出拟录用人员名单，并予以公示。 公示期满，中央一级招录机关将拟录用人员名单报中央公务员主管部门备案；地方各级招录机关将拟录用人员名单报省级或者设区的市级公务员主管部门审批。	**第三十二条** 招录机关根据考试成绩、考察情况和体检结果，提出拟录用人员名单，并予以公示。**公示期不少于五个工作日。** 公示期满，中央一级招录机关**应当**将拟录用人员名单报中央公务员主管部门备案；地方各级招录机关**应当**将拟录用人员名单报省级或者设区的市级公务员主管部门审批。

修　订　前	修　订　后
第三十一条　录用特殊职位的公务员，经省级以上公务员主管部门批准，可以简化程序或者采用其他测评办法。	**第三十三条**　录用特殊职位的公务员，经省级以上公务员主管部门批准，可以简化程序或者采用其他测评办法。
第三十二条　新录用的公务员试用期为一年。试用期满合格的，予以任职；不合格的，取消录用。	**第三十四条**　新录用的公务员试用期为一年。试用期满合格的，予以任职；不合格的，取消录用。
第五章　考　核	**第五章　考　核**
第三十三条　对公务员的考核，按照管理权限，全面考核公务员的德、能、勤、绩、廉，重点考核工作实绩。	**第三十五条**　公务员的考核**应当**按照管理权限，全面考核公务员的德、能、勤、绩、廉，重点考核**政治素质和**工作实绩。**考核指标根据不同职位类别、不同层级机关分别设置。**
第三十四条　公务员的考核分为平时考核和定期考核。定期考核以平时考核为基础。	**第三十六条**　公务员的考核分为平时考核**、专项考核**和定期考核**等方式**。定期考核以平时考核**、专项考核**为基础。
第三十五条　对非领导成员公务员的定期考核采取年度考核的方式，先由个人按照职位职责和有关要求进行总结，主管领导在听取群众意见后，提出考核等次建议，由本机关负责人或者授权的考核委员会确定考核等次。 对领导成员的**定期**考核，由主管机关按照有关规定办理。	**第三十七条**　非领导成员公务员的定期考核采取年度考核的方式。先由个人按照职位职责和有关要求进行总结，主管领导在听取群众意见后，提出考核等次建议，由本机关负责人或者授权的考核委员会确定考核等次。 领导成员的考核由主管机关按照有关规定办理。
第三十六条　定期考核的结果分为优秀、称职、基本称职和不称职四个等次。 定期考核的结果应当以书面形式通知公务员本人。	**第三十八条**　定期考核的结果分为优秀、称职、基本称职和不称职四个等次。 定期考核的结果应当以书面形式通知公务员本人。

修　订　前	修　订　后
第三十七条　定期考核的结果作为调整公务员职务、级别、工资以及公务员奖励、培训、辞退的依据。	**第三十九条**　定期考核的结果作为调整公务员**职位**、职务、**职级**、级别、工资以及公务员奖励、培训、辞退的依据。
第六章　职务任免	**第六章　职务、职级任免**
第三十八条　公务员职务实行选任制**和**委任制。 领导成员职务按照国家规定实行任期制。	**第四十条**　公务员**领导**职务实行选任制、委任制**和聘任制。公务员职级实行委任制和聘任制。** 领导成员职务按照国家规定实行任期制。
第三十九条　选任制公务员在选举结果生效时即任当选职务；任期届满不再连任，或者任期内辞职、被罢免、被撤职的，其所任职务即终止。	**第四十一条**　选任制公务员在选举结果生效时即任当选职务；任期届满不再连任或者任期内辞职、被罢免、被撤职的，其所任职务即终止。
第四十条　委任制公务员**遇有**试用期满考核合格、职务发生变化、**不再担任公务员职务**以及其他情形需要任免职务的，应当按照管理权限和规定的程序任免**其职务**。	**第四十二条**　委任制公务员试用期满考核合格，职务、**职级**发生变化，以及其他情形需要任免职务、**职级**的，应当按照管理权限和规定的程序任免。
第四十一条　公务员任职**必须**在规定的编制限额和职数内进行，并有相应的职位空缺。	**第四十三条**　公务员任职**应当**在规定的编制限额和职数内进行，并有相应的职位空缺。
第四十二条　公务员因工作需要在机关外兼职，应当经有关机关批准，并不得领取兼职报酬。	**第四十四条**　公务员因工作需要在机关外兼职，应当经有关机关批准，并不得领取兼职报酬。
第七章　职务升降	**第七章　职务、职级升降**
第四十三条　公务员晋升职务，应当具备拟任职务所要求的**思想**政治素质、工作能力、文化程度	**第四十五条**　公务员晋升**领导**职务，应当具备拟任职务所要求的政治素质、工作能力、文化程度和

修　订　前	修　订　后
和任职经历等方面的条件和资格。 公务员**晋升职务**，应当逐级晋升。特别优秀的或者工作特殊需要的，可以按照规定破格或者**越一级**晋升**职务**。	任职经历等方面的条件和资格。 公务员**领导职务**应当逐级晋升。特别优秀的或者工作特殊需要的，可以按照规定破格或者**越级**晋升。
第四十四条　公务员晋升领导职务，按照下列程序办理： （一）民主推荐，确定考察对象； （二）组织考察，**研究提出任职建议方案，并根据需要在一定范围内进行酝酿；** （三）按照管理权限讨论决定； （四）**按照规定**履行任职手续。 **公务员晋升非领导职务，参照前款规定的程序办理。**	**第四十六条**　公务员晋升领导职务，按照下列程序办理： **（一）动议；** **（二）**民主推荐； **（三）**确定考察对象，组织考察； **（四）**按照管理权限讨论决定； **（五）**履行任职手续。
第四十五条　机关内设机构厅局级正职以下领导职务出现空缺时，可以在本机关或者本系统内通过竞争上岗的方式，产生任职人选。 厅局级正职以下领导职务**或者副调研员以上及其他相当职务层次的非领导职务**出现空缺，可以面向社会**公开**选拔，**产生**任职人选。 **确定初任法官、初任检察官的任职人选，可以面向社会，从通过国家统一法律职业资格考试取得法律职业资格的人员中公开选拔。**	**第四十七条**　厅局级正职以下领导职务出现空缺**且本机关没有合适人选的**，可以**通过适当方式**面向社会选拔任职人选。
第四十六条　公务员晋升领导职务的，应当按照有关规定实行任职前公示制度和任职试用期制度。	**第四十八条**　公务员晋升领导职务的，应当按照有关规定实行任职前公示制度和任职试用期制度。

修　订　前	修　订　后
	第四十九条　公务员职级应当逐级晋升，根据个人德才表现、工作实绩和任职资历，参考民主推荐或者民主测评结果确定人选，经公示后，按照管理权限审批。
第四十七条　公务员在**定期**考核中被确定为不称职的，按照规定程序降低一个职务层次任职。	**第五十条　公务员的职务、职级实行能上能下。对不适宜或者不胜任现任职务、职级的，应当进行调整。** 公务员在**年度**考核中被确定为不称职的，按照规定程序降低一个职务**或者职级**层次任职。
第八章　奖　励	**第八章　奖　励**
第四十八条　对工作表现突出，有显著成绩和贡献，或者有其他突出事迹的公务员或者公务员集体，给予奖励。奖励坚持精神奖励与物质奖励相结合、以精神奖励为主的原则。 公务员集体的奖励适用于按照编制序列设置的机构或者为完成专项任务组成的工作集体。	**第五十一条**　对工作表现突出，有显著成绩和贡献，或者有其他突出事迹的公务员或者公务员集体，给予奖励。奖励坚持**定期奖励与及时奖励相结合，**精神奖励与物质奖励相结合、以精神奖励为主的原则。 公务员集体的奖励适用于按照编制序列设置的机构或者为完成专项任务组成的工作集体。
第四十九条　公务员或者公务员集体有下列情形之一的，给予奖励： （一）忠于职守，积极工作，**成绩**显著的； （二）遵守纪律，廉洁奉公，作风正派，办事公道，模范作用突出的；	**第五十二条**　公务员或者公务员集体有下列情形之一的，给予奖励： （一）忠于职守，积极工作，**勇于担当，工作实绩**显著的； （二）遵纪守法，廉洁奉公，作风正派，办事公道，模范作用突出的；

修　订　前	修　订　后
（三）在工作中有发明创造或者提出合理化建议，取得显著经济效益或者社会效益的； （四）为增进民族团结、维护社会稳定做出突出贡献的； （五）爱护公共财产，节约国家资财有突出成绩的； （六）防止或者消除事故有功，使国家和人民群众利益免受或者减少损失的； （七）在抢险、救灾等特定环境中**奋不顾身**，做出贡献的； （八）同**违法违纪**行为作斗争有功绩的； （九）在对外交往中为国家争得荣誉和利益的； （十）有其他突出功绩的。	（三）在工作中有发明创造或者提出合理化建议，取得显著经济效益或者社会效益的； （四）为增进民族团结，维护社会稳定做出突出贡献的； （五）爱护公共财产，节约国家资财有突出成绩的； （六）防止或者消除事故有功，使国家和人民群众利益免受或者减少损失的； （七）在抢险、救灾等特定环境中做出**突出**贡献的； （八）同**违纪违法**行为作斗争有功绩的； （九）在对外交往中为国家争得荣誉和利益的； （十）有其他突出功绩的。
第五十条　奖励分为：嘉奖、记三等功、记二等功、记一等功、授予**荣誉**称号。 对受奖励的公务员或者公务员集体予以表彰，并给予一次性奖金或者其他待遇。	**第五十三条**　奖励分为：嘉奖、记三等功、记二等功、记一等功、授予称号。 对受奖励的公务员或者公务员集体予以表彰，并**对受奖励的个人**给予一次性奖金或者其他待遇。
第五十一条　给予公务员或者公务员集体奖励，按照规定的权限和程序决定或者审批。	**第五十四条**　给予公务员或者公务员集体奖励，按照规定的权限和程序决定或者审批。
	第五十五条　按照国家规定，可以向参与特定时期、特定领域重大工作的公务员颁发纪念证书或者纪念章。

修　订　前	修　订　后
第五十二条　公务员或者公务员集体有下列情形之一的，撤销奖励： （一）弄虚作假，骗取奖励的； （二）申报奖励时隐瞒严重错误或者严重违反规定程序的； （三）有法律、法规规定应当撤销奖励的其他情形的。	**第五十六条**　公务员或者公务员集体有下列情形之一的，撤销奖励： （一）弄虚作假，骗取奖励的； （二）申报奖励时隐瞒严重错误或者严重违反规定程序的； **（三）有严重违纪违法等行为，影响称号声誉的；** **（四）**有法律、法规规定应当撤销奖励的其他情形的。
第九章　惩　戒	**第九章　监督与惩戒**
	第五十七条　机关应当对公务员的思想政治、履行职责、作风表现、遵纪守法等情况进行监督，开展勤政廉政教育，建立日常管理监督制度。 **对公务员监督发现问题的，应当区分不同情况，予以谈话提醒、批评教育、责令检查、诫勉、组织调整、处分。** **对公务员涉嫌职务违法和职务犯罪的，应当依法移送监察机关处理。**
	第五十八条　公务员应当自觉接受监督，按照规定请示报告工作、报告个人有关事项。
第五十三条　公务员**必须遵守纪律**，不得有下列行为： （一）散布有损国家声誉的言论，组织或者参加旨在反对国家的集会、游行、示威等活动； （二）组织或者参加非法组织，组织或者参加罢工；	**第五十九条**　公务员**应当遵纪守法**，不得有下列行为： （一）散布有损**宪法权威、中国共产党和**国家声誉的言论，组织或者参加旨在反对**宪法、中国共产党领导和**国家的集会、游行、示威等活动；

修　订　前	修　订　后
（三）玩忽职守，贻误工作； （四）拒绝执行上级依法作出的决定和命令； （五）**压制批评**，打击报复； （六）弄虚作假，误导、欺骗领导和公众； （七）贪污、**行贿、受贿**，利用职务之便为自己或者他人谋取私利； （八）违反财经纪律，浪费国家资财； （九）滥用职权，侵害公民、法人或者其他组织的合法权益； （十）泄露国家秘密或者工作秘密； （十一）在对外交往中损害国家荣誉和利益； （十二）参与或者支持色情、吸毒、赌博、迷信等活动； （十三）违反职业道德、社会公德； （十四）从事或者参与营利性活动，在企业或者其他营利性组织中兼任职务； （十五）旷工或者因公外出、请假期满无正当理由逾期不归； （十六）**违反纪律**的其他行为。	（二）组织或者参加非法组织，组织或者参加罢工； **（三）挑拨、破坏民族关系，参加民族分裂活动或者组织、利用宗教活动破坏民族团结和社会稳定；** **（四）不担当，不作为，**玩忽职守，贻误工作； **（五）**拒绝执行上级依法作出的决定和命令； **（六）对批评、申诉、控告、检举进行压制或者**打击报复； **（七）**弄虚作假，误导、欺骗领导和公众； **（八）**贪污**贿赂**，利用职务之便为自己或者他人谋取私利； **（九）**违反财经纪律，浪费国家资财； **（十）**滥用职权，侵害公民、法人或者其他组织的合法权益； **（十一）**泄露国家秘密或者工作秘密； **（十二）**在对外交往中损害国家荣誉和利益； **（十三）**参与或者支持色情、吸毒、赌博、迷信等活动； **（十四）**违反职业道德、社会公德**和家庭美德**； **（十五）违反有关规定参与禁止的网络传播行为或者网络活动；** **（十六）违反有关规定**从事或者参与营利性活动，在企业或者其他营利性组织中兼任职务；

修　订　前	修　订　后
	（十七）旷工或者因公外出、请假期满无正当理由逾期不归； （十八）**违纪违法**的其他行为。
第五十四条　公务员执行公务时，认为上级的决定或者命令有错误的，可以向上级提出改正或者撤销该决定或者命令的意见；上级不改变该决定或者命令，或者要求立即执行的，公务员应当执行该决定或者命令，执行的后果由上级负责，公务员不承担责任；但是，公务员执行明显违法的决定或者命令的，应当依法承担相应的责任。	**第六十条**　公务员执行公务时，认为上级的决定或者命令有错误的，可以向上级提出改正或者撤销该决定或者命令的意见；上级不改变该决定或者命令，或者要求立即执行的，公务员应当执行该决定或者命令，执行的后果由上级负责，公务员不承担责任；但是，公务员执行明显违法的决定或者命令的，应当依法承担相应的责任。
第五十五条　公务员因**违法违纪**应当承担纪律责任的，依照本法给予处分；违纪行为情节轻微，经批评教育后改正的，可以免予处分。	**第六十一条**　公务员因**违纪违法**应当承担纪律责任的，依照本法给予处分**或者由监察机关依法给予政务处分**；违纪**违法**行为情节轻微，经批评教育后改正的，可以免予处分。 **对同一违纪违法行为，监察机关已经作出政务处分决定的，公务员所在机关不再给予处分。**
第五十六条　处分分为：警告、记过、记大过、降级、撤职、开除。	**第六十二条**　处分分为：警告、记过、记大过、降级、撤职、开除。
第五十七条　对公务员的处分，应当事实清楚、证据确凿、定性准确、处理恰当、程序合法、手续完备。 公务员违纪的，应当由处分决定机关决定对公务员违纪的情况进	**第六十三条**　对公务员的处分，应当事实清楚、证据确凿、定性准确、处理恰当、程序合法、手续完备。 公务员违纪**违法**的，应当由处分决定机关决定对公务员违纪**违法**

修　订　前	修　订　后
行调查，并将调查认定的事实及拟给予处分的依据告知公务员本人。公务员有权进行陈述和申辩。 　　处分决定机关认为对公务员应当给予处分的，应当在规定的期限内，按照管理权限和规定的程序作出处分决定。处分决定应当以书面形式通知公务员本人。	的情况进行调查，并将调查认定的事实以及拟给予处分的依据告知公务员本人。公务员有权进行陈述和申辩；**处分决定机关不得因公务员申辩而加重处分**。 　　处分决定机关认为对公务员应当给予处分的，应当在规定的期限内，按照管理权限和规定的程序作出处分决定。处分决定应当以书面形式通知公务员本人。
第五十八条　公务员在受处分期间不得晋升职务和级别，其中受记过、记大过、降级、撤职处分的，不得晋升工资档次。 　　受处分的期间为：警告，六个月；记过，十二个月；记大过，十八个月；降级、撤职，二十四个月。 　　受撤职处分的，按照规定降低级别。	**第六十四条**　公务员在受处分期间不得晋升职务、**职级**和级别，其中受记过、记大过、降级、撤职处分的，不得晋升工资档次。 　　受处分的期间为：警告，六个月；记过，十二个月；记大过，十八个月；降级、撤职，二十四个月。 　　受撤职处分的，按照规定降低级别。
第五十九条　公务员受开除以外的处分，在受处分期间有悔改表现，并且没有再发生违纪行为的，处分期满后，**由处分决定机关解除处分并以书面形式通知本人**。 　　解除处分后，晋升工资档次、级别和职务不再受原处分的影响。但是，解除降级、撤职处分的，不视为恢复原级别、原职务。	**第六十五条**　公务员受开除以外的处分，在受处分期间有悔改表现，并且没有再发生违纪**违法**行为的，处分期满后**自动解除**。 　　解除处分后，晋升工资档次、级别和职务、**职级**不再受原处分的影响。但是，解除降级、撤职处分的，不视为恢复原级别、原职务、**原职级**。

修　订　前	修　订　后
第十章　培　训	**第十章　培　训**
第六十条　机关根据公务员工作职责的要求和提高公务员素质的需要，对公务员进行**分级分类**培训。 国家建立专门的公务员培训机构。机关根据需要也可以委托其他培训机构承担公务员培训任务。	**第六十六条**　机关根据公务员工作职责的要求和提高公务员素质的需要，对公务员进行**分类分级**培训。 国家建立专门的公务员培训机构。机关根据需要也可以委托其他培训机构承担公务员培训任务。
第六十一条　机关对新录用人员应当在试用期内进行初任培训；对晋升领导职务的公务员应当在任职前或者任职后一年内进行任职培训；对从事专项工作的公务员应当进行专门业务培训；对全体公务员应当进行更新知识、**提高工作能力的**在职培训，其中对**担任**专业技术**职务的**公务员，应当**按照专业技术人员继续教育的要求，**进行专业技术培训。 国家有计划地加强对**后备领导人员**的培训。	**第六十七条**　机关对新录用人员应当在试用期内进行初任培训；对晋升领导职务的公务员应当在任职前或者任职后一年内进行任职培训；对从事专项工作的公务员应当进行专门业务培训；对全体公务员应当进行**提高政治素质和工作能力、**更新知识的在职培训，其中对专业技术**类**公务员应当进行专业技术培训。 国家有计划地加强对**优秀年轻公务员**的培训。
第六十二条　公务员的培训实行登记管理。 公务员参加培训的时间由公务员主管部门按照本法**第六十一条**规定的培训要求予以确定。 公务员培训情况、学习成绩作为公务员考核的内容和任职、晋升的依据之一。	**第六十八条**　公务员的培训实行登记管理。 公务员参加培训的时间由公务员主管部门按照本法**第六十七条**规定的培训要求予以确定。 公务员培训情况、学习成绩作为公务员考核的内容和任职、晋升的依据之一。

修　订　前	修　订　后
第十一章　交流与回避	**第十一章　交流与回避**
第六十三条　国家实行公务员交流制度。 公务员可以在公务员队伍内部交流，也可以与国有企业事业单位、**人民团体和群众团体**中从事公务的人员交流。 交流的方式包括调任、转任和**挂职锻炼**。	**第六十九条**　国家实行公务员交流制度。 公务员可以在公务员**和参照本法管理的工作人员**队伍内部交流，也可以与国有企业**和不参照本法管理的**事业单位中从事公务的人员交流。 交流的方式包括调任、转任。
第六十四条　国有企业事业单位、**人民团体和群众团体**中从事公务的人员可以调入机关担任领导职务或者**副**调研员以上及其他相当**职务**层次的**非领导职务**。调任人选应当具备本法**第十一条**规定的条件和拟任职位所要求的资格条件，并不得有本法**第二十四条**规定的情形。调任机关应当根据上述规定，对调任人选进行严格考察，并按照管理权限审批，必要时可以对调任人选进行考试。	**第七十条**　国有企业、**高等院校和科研院所以及其他不参照本法管理的**事业单位中从事公务的人员，可以调入机关担任领导职务或者**四级**调研员以上及其他相当层次的**职级**。 调任人选应当具备本法**第十三条**规定的条件和拟任职位所要求的资格条件，并不得有本法**第二十六条**规定的情形。调任机关应当根据上述规定，对调任人选进行严格考察，并按照管理权限审批，必要时可以对调任人选进行考试。
第六十五条　公务员在不同职位之间转任应当具备拟任职位所要求的资格条件，在规定的编制限额和职数内进行。 对省部级正职以下的领导成员应当有计划、有重点地实行跨地区、跨部门转任。 对担任机关内设机构领导职务和工作性质特殊的**非领导职务的**公务员，应当有计划地在本机关内转任。	**第七十一条**　公务员在不同职位之间转任应当具备拟任职位所要求的资格条件，在规定的编制限额和职数内进行。 对省部级正职以下的领导成员应当有计划、有重点地实行跨地区、跨部门转任。 对担任机关内设机构领导职务和**其他**工作性质特殊的公务员，应当有计划地在本机关内转任。

修　订　前	修　订　后
	上级机关应当注重从基层机关公开遴选公务员。
第六十六条　根据**培养锻炼公务员的**需要，可以选派公务员**到下级机关或者上级机关、其他地区机关以及国有企业事业单位挂职锻炼。** 公务员在挂职**锻炼**期间，不改变与原机关的人事关系。	**第七十二条**　根据**工作**需要，**机关**可以**采取挂职方式**选派公务员**承担重大工程、重大项目、重点任务或者其他专项工作。** 公务员在挂职期间，不改变与原机关的人事关系。
第六十七条　公务员应当服从机关的交流决定。 公务员本人申请交流的，按照管理权限审批。	**第七十三条**　公务员应当服从机关的交流决定。 公务员本人申请交流的，按照管理权限审批。
第六十八条　公务员之间有夫妻关系、直系血亲关系、三代以内旁系血亲关系以及近姻亲关系的，不得在同一机关**担任**双方直接隶属于同一领导人员的**职务**或者有直接上下级领导关系的**职务**，也不得在其中一方担任领导职务的机关从事组织、人事、纪检、监察、审计和财务工作。 因地域或者工作性质特殊，需要变通执行任职回避的，由省级以上公务员主管部门规定。	**第七十四条**　公务员之间有夫妻关系、直系血亲关系、三代以内旁系血亲关系以及近姻亲关系的，不得在同一机关双方直接隶属于同一领导人员的**职位**或者有直接上下级领导关系的**职位工作**，也不得在其中一方担任领导职务的机关从事组织、人事、纪检、监察、审计和财务工作。 **公务员不得在其配偶、子女及其配偶经营的企业、营利性组织的行业监管或者主管部门担任领导成员。** 因地域或者工作性质特殊，需要变通执行任职回避的，由省级以上公务员主管部门规定。
第六十九条　公务员担任乡级机关、县级机关及其有关部门主要领导职务的，应当实行地域回避，**法律另有规定的除外。**	**第七十五条**　公务员担任乡级机关、县级机关**、设区的市级机关**及其有关部门主要领导职务的，应当**按照有关规定**实行地域回避。

修　订　前	修　订　后
第七十条　公务员执行公务时，有下列情形之一的，应当回避： （一）涉及本人利害关系的； （二）涉及与本人有本法**第六十八条**第一款所列亲属关系人员的利害关系的； （三）其他可能影响公正执行公务的。	**第七十六条**　公务员执行公务时，有下列情形之一的，应当回避： （一）涉及本人利害关系的； （二）涉及与本人有本法**第七十四条**第一款所列亲属关系人员的利害关系的； （三）其他可能影响公正执行公务的。
第七十一条　公务员有应当回避情形的，本人应当申请回避；利害关系人有权申请公务员回避。其他人员可以向机关提供公务员需要回避的情况。 机关根据公务员本人或者利害关系人的申请，经审查后作出是否回避的决定，也可以不经申请直接作出回避决定。	**第七十七条**　公务员有应当回避情形的，本人应当申请回避；利害关系人有权申请公务员回避。其他人员可以向机关提供公务员需要回避的情况。 机关根据公务员本人或者利害关系人的申请，经审查后作出是否回避的决定，也可以不经申请直接作出回避决定。
第七十二条　法律对公务员回避另有规定的，从其规定。	**第七十八条**　法律对公务员回避另有规定的，从其规定。
第十二章　工资福利保险	**第十二章　工资、福利与保险**
第七十三条　公务员实行国家统一**的职务与级别相结合**的工资制度。 公务员工资制度贯彻按劳分配的原则，体现工作职责、工作能力、工作实绩、资历等因素，保持不同职务、级别之间的合理工资差距。 国家建立公务员工资的正常增长机制。	**第七十九条**　公务员实行国家统一**规定**的工资制度。 公务员工资制度贯彻按劳分配的原则，体现工作职责、工作能力、工作实绩、资历等因素，保持不同**领导**职务、**职级**、级别之间的合理工资差距。 国家建立公务员工资的正常增长机制。

修订前	修订后
第七十四条 公务员工资包括基本工资、津贴、补贴和奖金。 公务员按照国家规定享受地区附加津贴、艰苦边远地区津贴、岗位津贴等津贴。 公务员按照国家规定享受住房、医疗等补贴、补助。 公务员在定期考核中被确定为优秀、称职的，按照国家规定享受年终奖金。 公务员工资应当按时足额发放。	**第八十条** 公务员工资包括基本工资、津贴、补贴和奖金。 公务员按照国家规定享受地区附加津贴、艰苦边远地区津贴、岗位津贴等津贴。 公务员按照国家规定享受住房、医疗等补贴、补助。 公务员在定期考核中被确定为优秀、称职的，按照国家规定享受年终奖金。 公务员工资应当按时足额发放。
第七十五条 公务员的工资水平应当与国民经济发展相协调、与社会进步相适应。 国家实行工资调查制度，定期进行公务员和企业相当人员工资水平的调查比较，并将工资调查比较结果作为调整公务员工资水平的依据。	**第八十一条** 公务员的工资水平应当与国民经济发展相协调、与社会进步相适应。 国家实行工资调查制度，定期进行公务员和企业相当人员工资水平的调查比较，并将工资调查比较结果作为调整公务员工资水平的依据。
第七十六条 公务员按照国家规定享受福利待遇。国家根据经济社会发展水平提高公务员的福利待遇。 公务员**实行**国家规定的工时制度，按照国家规定享受休假。公务员在法定工作日之外加班的，应当给予相应的补休。	**第八十二条** 公务员按照国家规定享受福利待遇。国家根据经济社会发展水平提高公务员的福利待遇。 公务员**执行**国家规定的工时制度，按照国家规定享受休假。公务员在法定工作日之外加班的，应当给予相应的补休**，不能补休的按照国家规定给予补助**。
第七十七条 国家建立公务员保险制度，保障公务员在退休、患病、工伤、生育、失业等情况下获得帮助和补偿。	**第八十三条 公务员依法参加社会保险，按照国家规定享受保险待遇。**

修　订　前	修　订　后
公务员因公致残的，享受国家规定的伤残待遇。公务员因公牺牲、**因公死亡**或者病故的，其亲属享受国家规定的抚恤和优待。	公务员因公牺牲或者病故的，其亲属享受国家规定的抚恤和优待。
第七十八条　任何机关不得违反国家规定自行更改公务员工资、福利、保险政策，擅自提高或者降低公务员的工资、福利、保险待遇。任何机关不得扣减或者拖欠公务员的工资。	**第八十四条**　任何机关不得违反国家规定自行更改公务员工资、福利、保险政策，擅自提高或者降低公务员的工资、福利、保险待遇。任何机关不得扣减或者拖欠公务员的工资。
第七十九条　公务员工资、福利、保险、**退休金**以及录用、培训、奖励、辞退等所需经费，**应当列入财政预算，予以保障。**	（本条移至第一章“总则”第十条）
第十三章　辞职辞退	**第十三章　辞职与辞退**
第八十条　公务员辞去公职，应当向任免机关提出书面申请。任免机关应当自接到申请之日起三十日内予以审批，其中对领导成员辞去公职的申请，应当自接到申请之日起九十日内予以审批。	**第八十五条**　公务员辞去公职，应当向任免机关提出书面申请。任免机关应当自接到申请之日起三十日内予以审批，其中对领导成员辞去公职的申请，应当自接到申请之日起九十日内予以审批。
第八十一条　公务员有下列情形之一的，不得辞去公职： （一）未满国家规定的最低服务年限的； （二）在涉及国家秘密等特殊职位任职或者离开上述职位不满国家规定的脱密期限的； （三）重要公务尚未处理完毕，且须由本人继续处理的；	**第八十六条**　公务员有下列情形之一的，不得辞去公职： （一）未满国家规定的最低服务年限的； （二）在涉及国家秘密等特殊职位任职或者离开上述职位不满国家规定的脱密期限的； （三）重要公务尚未处理完毕，且须由本人继续处理的；

修 订 前	修 订 后
（四）正在接受审计、纪律审查，或者涉嫌犯罪，司法程序尚未终结的； （五）法律、行政法规规定的其他不得辞去公职的情形。	（四）正在接受审计、纪律审查、**监察调查**，或者涉嫌犯罪，司法程序尚未终结的； （五）法律、行政法规规定的其他不得辞去公职的情形。
第八十二条 担任领导职务的公务员，因工作变动依照法律规定需要辞去现任职务的，应当履行辞职手续。 担任领导职务的公务员，因个人或者其他原因，可以自愿提出辞去领导职务。 领导成员因工作严重失误、失职造成重大损失或者恶劣社会影响的，或者对重大事故负有领导责任的，应当引咎辞去领导职务。 领导成员**应当引咎辞职或者**因其他原因不再适合担任现任领导职务，本人不提出辞职的，应当责令其辞去领导职务。	**第八十七条** 担任领导职务的公务员，因工作变动依照法律规定需要辞去现任职务的，应当履行辞职手续。 担任领导职务的公务员，因个人或者其他原因，可以自愿提出辞去领导职务。 领导成员因工作严重失误、失职造成重大损失或者恶劣社会影响的，或者对重大事故负有领导责任的，应当引咎辞去领导职务。 领导成员因其他原因不再适合担任现任领导职务**的，或者应当引咎辞职**本人不提出辞职的，应当责令其辞去领导职务。
第八十三条 公务员有下列情形之一的，予以辞退： （一）在年度考核中，连续两年被确定为不称职的； （二）不胜任现职工作，又不接受其他安排的； （三）因所在机关调整、撤销、合并或者缩减编制员额需要调整工作，本人拒绝合理安排的； （四）不履行公务员义务，不遵守公务员纪律，经教育仍无转变，不适合继续在机关工作，又不	**第八十八条** 公务员有下列情形之一的，予以辞退： （一）在年度考核中，连续两年被确定为不称职的； （二）不胜任现职工作，又不接受其他安排的； （三）因所在机关调整、撤销、合并或者缩减编制员额需要调整工作，本人拒绝合理安排的； （四）不履行公务员义务，不遵守**法律和**公务员纪律，经教育仍无转变，不适合继续在机关工作，

修　订　前	修　订　后
宜给予开除处分的； （五）旷工或者因公外出、请假期满无正当理由逾期不归连续超过十五天，或者一年内累计超过三十天的。	又不宜给予开除处分的； （五）旷工或者因公外出、请假期满无正当理由逾期不归连续超过十五天，或者一年内累计超过三十天的。
第八十四条　对有下列情形之一的公务员，不得辞退： （一）因公致残，被确认丧失或者部分丧失工作能力的； （二）患病或者负伤，在规定的医疗期内的； （三）女性公务员在孕期、产假、哺乳期内的； （四）法律、行政法规规定的其他不得辞退的情形。	**第八十九条**　对有下列情形之一的公务员，不得辞退： （一）因公致残，被确认丧失或者部分丧失工作能力的； （二）患病或者负伤，在规定的医疗期内的； （三）女性公务员在孕期、产假、哺乳期内的； （四）法律、行政法规规定的其他不得辞退的情形。
第八十五条　辞退公务员，按照管理权限决定。辞退决定应当以书面形式通知被辞退的公务员。 被辞退的公务员，可以领取辞退费或者根据国家有关规定享受失业保险。	**第九十条**　辞退公务员，按照管理权限决定。辞退决定应当以书面形式通知被辞退的公务员，**并应当告知辞退依据和理由**。 被辞退的公务员，可以领取辞退费或者根据国家有关规定享受失业保险。
第八十六条　公务员辞职或者被辞退，离职前应当办理公务交接手续，必要时按照规定接受审计。	**第九十一条**　公务员辞职或者被辞退，离职前应当办理公务交接手续，必要时按照规定接受审计。
第十四章　退　休	**第十四章　退　休**
第八十七条　公务员达到国家规定的退休年龄或者完全丧失工作能力的，应当退休。	**第九十二条**　公务员达到国家规定的退休年龄或者完全丧失工作能力的，应当退休。

修 订 前	修 订 后
第八十八条 公务员符合下列条件之一的，本人自愿提出申请，经任免机关批准，可以提前退休： （一）工作年限满三十年的； （二）距国家规定的退休年龄不足五年，且工作年限满二十年的； （三）符合国家规定的可以提前退休的其他情形的。	**第九十三条** 公务员符合下列条件之一的，本人自愿提出申请，经任免机关批准，可以提前退休： （一）工作年限满三十年的； （二）距国家规定的退休年龄不足五年，且工作年限满二十年的； （三）符合国家规定的可以提前退休的其他情形的。
第八十九条 公务员退休后，享受国家规定的**退休金**和其他待遇，国家为其生活和健康提供必要的服务和帮助，鼓励发挥个人专长，参与社会发展。	**第九十四条** 公务员退休后，享受国家规定的**养老金**和其他待遇，国家为其生活和健康提供必要的服务和帮助，鼓励发挥个人专长，参与社会发展。
第十五章 申诉控告	**第十五章 申诉与控告**
第九十条 公务员对涉及本人的下列人事处理不服的，可以自知道该人事处理之日起三十日内向原处理机关申请复核；对复核结果不服的，可以自接到复核决定之日起十五日内，按照规定向同级公务员主管部门或者作出该人事处理的机关的上一级机关提出申诉；也可以不经复核，自知道该人事处理之日起三十日内直接提出申诉： （一）处分； （二）辞退或者取消录用； （三）降职； （四）定期考核定为不称职； （五）免职； （六）申请辞职、提前退休未予批准；	**第九十五条** 公务员对涉及本人的下列人事处理不服的，可以自知道该人事处理之日起三十日内向原处理机关申请复核；对复核结果不服的，可以自接到复核决定之日起十五日内，按照规定向同级公务员主管部门或者作出该人事处理的机关的上一级机关提出申诉；也可以不经复核，自知道该人事处理之日起三十日内直接提出申诉： （一）处分； （二）辞退或者取消录用； （三）降职； （四）定期考核定为不称职； （五）免职； （六）申请辞职、提前退休未予批准；

修订前	修订后
（七）**未按**规定确定或者扣减工资、福利、保险待遇； （八）法律、法规规定可以申诉的其他情形。 对省级以下机关作出的申诉处理决定不服的，可以向作出处理决定的上一级机关提出再申诉。 **行政机关**公务员对**处分**不服向**行政**监察机关**申诉**的，按照**《中华人民共和国行政监察法》的规定**办理。	（七）**不按照**规定确定或者扣减工资、福利、保险待遇； （八）法律、法规规定可以申诉的其他情形。 对省级以下机关作出的申诉处理决定不服的，可以向作出处理决定的上一级机关提出再申诉。 **受理公务员申诉的机关应当组成公务员申诉公正委员会，负责受理和审理公务员的申诉案件。** 公务员对**监察机关作出的涉及本人的处理决定**不服向监察机关**申请复审、复核**的，按照**有关规定**办理。
第九十一条　原处理机关应当自接到复核申请书后的三十日内作出复核决定。受理公务员申诉的机关应当自受理之日起六十日内作出处理决定；案情复杂的，可以适当延长，但是延长时间不得超过三十日。 复核、申诉期间不停止人事处理的执行。	**第九十六条**　原处理机关应当自接到复核申请书后的三十日内作出复核决定，**并以书面形式告知申请人**。受理公务员申诉的机关应当自受理之日起六十日内作出处理决定；案情复杂的，可以适当延长，但是延长时间不得超过三十日。 复核、申诉期间不停止人事处理的执行。 **公务员不因申请复核、提出申诉而被加重处理。**
第九十二条　公务员申诉的受理机关审查认定人事处理有错误的，原处理机关应当及时予以纠正。	**第九十七条**　公务员申诉的受理机关审查认定人事处理有错误的，原处理机关应当及时予以纠正。
第九十三条　公务员认为机关及其领导人员侵犯其合法权益的，可以依法向上级机关或者**有关的专门机关**提出控告。受理控告的机关应当按照规定及时处理。	**第九十八条**　公务员认为机关及其领导人员侵犯其合法权益的，可以依法向上级机关或者**监察机关**提出控告。受理控告的机关应当按照规定及时处理。

修　订　前	修　订　后
第九十四条　公务员提出申诉、控告，不得捏造事实，诬告、陷害他人。	**第九十九条**　公务员提出申诉、控告，**应当尊重事实，**不得捏造事实，诬告、陷害他人。**对捏造事实，诬告、陷害他人的，依法追究法律责任。**
第十六章　职位聘任	**第十六章　职位聘任**
第九十五条　机关根据工作需要，经省级以上公务员主管部门批准，可以对专业性较强的职位和辅助性职位实行聘任制。 前款所列职位涉及国家秘密的，不实行聘任制。	**第一百条**　机关根据工作需要，经省级以上公务员主管部门批准，可以对专业性较强的职位和辅助性职位实行聘任制。 前款所列职位涉及国家秘密的，不实行聘任制。
第九十六条　机关聘任公务员可以参照公务员考试录用的程序进行公开招聘，也可以从符合条件的人员中直接选聘。 机关聘任公务员应当在规定的编制限额和工资经费限额内进行。	**第一百零一条**　机关聘任公务员可以参照公务员考试录用的程序进行公开招聘，也可以从符合条件的人员中直接选聘。 机关聘任公务员应当在规定的编制限额和工资经费限额内进行。
第九十七条　机关聘任公务员，应当按照平等自愿、协商一致的原则，签订书面的聘任合同，确定机关与所聘公务员双方的权利、义务。聘任合同经双方协商一致可以变更或者解除。 聘任合同的签订、变更或者解除，应当报同级公务员主管部门备案。	**第一百零二条**　机关聘任公务员，应当按照平等自愿、协商一致的原则，签订书面的聘任合同，确定机关与所聘公务员双方的权利、义务。聘任合同经双方协商一致可以变更或者解除。 聘任合同的签订、变更或者解除，应当报同级公务员主管部门备案。
第九十八条　聘任合同应当具备合同期限，职位及其职责要求，工资、福利、保险待遇，违约责任等条款。	**第一百零二条**　聘任合同应当具备合同期限，职位及其职责要求，工资、福利、保险待遇，违约责任等条款。

修　订　前	修　订　后
聘任合同期限为一年至五年。聘任合同可以约定试用期，试用期为一个月至**六**个月。 聘任制公务员**按照国家规定**实行协议工资制，具体办法由中央公务员主管部门规定。	聘任合同期限为一年至五年。聘任合同可以约定试用期，试用期为一个月至**十二**个月。 聘任制公务员实行协议工资制，具体办法由中央公务员主管部门规定。
第九十九条　机关依据本法和聘任合同对所聘公务员进行管理。	**第一百零四条**　机关依据本法和聘任合同对所聘公务员进行管理。
第一百条　国家建立人事争议仲裁制度。 **人事争议仲裁应当根据合法、公正、及时处理的原则，依法维护争议双方的合法权益。** **人事争议仲裁委员会**根据需要设立。人事争议仲裁委员会由公务员主管部门的代表、聘用机关的代表、聘任制公务员的代表以及法律专家组成。 聘任制公务员与所在机关之间因履行聘任合同发生争议的，可以自争议发生之日起六十日内**向人事争议仲裁委员会**申请仲裁。当事人对仲裁裁决不服的，可以自接到仲裁裁决书之日起十五日内向人民法院提起诉讼。仲裁裁决生效后，一方当事人不履行的，另一方当事人可以申请人民法院执行。	**第一百零五条**　聘任制公务员与所在机关之间因履行聘任合同发生争议的，可以自争议发生之日起六十日内申请仲裁。 **省级以上公务员主管部门**根据需要设立**人事争议仲裁委员会，受理仲裁申请**。人事争议仲裁委员会由公务员主管部门的代表、聘用机关的代表、聘任制公务员的代表以及法律专家组成。 当事人对仲裁裁决不服的，可以自接到仲裁裁决书之日起十五日内向人民法院提起诉讼。仲裁裁决生效后，一方当事人不履行的，另一方当事人可以申请人民法院执行。
第十七章　法律责任	**第十七章　法律责任**
第一百零一条　对有下列违反本法规定情形的，由县级以上领导机关或者公务员主管部门按照管	**第一百零六条**　对有下列违反本法规定情形的，由县级以上领导机关或者公务员主管部门按照管理

修　订　前	修　订　后
理权限，区别不同情况，分别予以责令纠正或者宣布无效；对负有责任的领导人员和直接责任人员，根据情节轻重，给予批评教育**或者**处分；构成犯罪的，依法追究刑事责任： （一）不按编制限额、职数或者任职资格条件进行公务员录用、调任、转任、聘任和晋升的； （二）不按规定条件进行公务员奖惩、回避和办理退休的； （三）不按规定程序进行公务员录用、调任、转任、聘任、晋升、**竞争上岗、公开选拔**以及考核、奖惩的； （四）违反国家规定，更改公务员工资、福利、保险待遇标准的； （五）在录用、**竞争上岗、公开选拔**中发生泄露试题、违反考场纪律以及其他严重影响公开、公正的； （六）不按规定受理和处理公务员申诉、控告的； （七）违反本法规定的其他情形的。	权限，区别不同情况，分别予以责令纠正或者宣布无效；对负有责任的领导人员和直接责任人员，根据情节轻重，给予批评教育、**责令检查、诫勉、组织调整**、处分；构成犯罪的，依法追究刑事责任： （一）不按照编制限额、职数或者任职资格条件进行公务员录用、调任、转任、聘任和晋升的； （二）不按照规定条件进行公务员奖惩、回避和办理退休的； （三）不按照规定程序进行公务员录用、调任、转任、聘任、晋升以及考核、奖惩的； （四）违反国家规定，更改公务员工资、福利、保险待遇标准的； （五）在录用、**公开遴选等工作**中发生泄露试题、违反考场纪律以及其他严重影响公开、公正行为的； （六）不按照规定受理和处理公务员申诉、控告的； （七）违反本法规定的其他情形的。
第一百零二条　公务员辞去公职或者退休的，原系领导成员的公务员在离职三年内，其他公务员在离职两年内，不得到与原工作业务直接相关的企业或者其他营利性组织任职，不得从事与原工作业务直接相关的营利性活动。	**第一百零七条**　公务员辞去公职或者退休的，原系领导成员、**县处级以上领导职务**的公务员在离职三年内，其他公务员在离职两年内，不得到与原工作业务直接相关的企业或者其他营利性组织任职，不得从事与原工作业务直接相关的

修　订　前	修　订　后
公务员辞去公职或者退休后有违反前款规定行为的，由其原所在机关的同级公务员主管部门责令限期改正；逾期不改正的，由县级以上**工商行政管理**部门没收该人员从业期间的违法所得，责令接收单位将该人员予以清退，并根据情节轻重，对接收单位处以被处罚人员违法所得一倍以上五倍以下的罚款。	营利性活动。 公务员辞去公职或者退休后有违反前款规定行为的，由其原所在机关的同级公务员主管部门责令限期改正；逾期不改正的，由县级以上**市场监管**部门没收该人员从业期间的违法所得，责令接收单位将该人员予以清退，并根据情节轻重，对接收单位处以被处罚人员违法所得一倍以上五倍以下的罚款。
第一百零三条　机关因错误的**具体**人事处理对公务员造成名誉损害的，应当赔礼道歉、恢复名誉、消除影响；造成经济损失的，应当依法给予赔偿。 （本条移至第一百一十条）	
第一百零四条　公务员主管部门的工作人员，违反本法规定，滥用职权、玩忽职守、徇私舞弊，构成犯罪的，依法追究刑事责任；尚不构成犯罪的，给予处分。	**第一百零八条**　公务员主管部门的工作人员，违反本法规定，滥用职权、玩忽职守、徇私舞弊，构成犯罪的，依法追究刑事责任；尚不构成犯罪的，给予处分**或者由监察机关依法给予政务处分**。
	第一百零九条　在公务员录用、聘任等工作中，有隐瞒真实信息、弄虚作假、考试作弊、扰乱考试秩序等行为的，由公务员主管部门根据情节作出考试成绩无效、取消资格、限制报考等处理；情节严重的，依法追究法律责任。

修　订　前	修　订　后
	第一百一十条　机关因错误的人事处理对公务员造成名誉损害的，应当赔礼道歉、恢复名誉、消除影响；造成经济损失的，应当依法给予赔偿。 （原第一百零三条移至此）
第十八章　附　则	**第十八章　附　则**
第一百零五条　本法所称领导成员，是指机关的领导人员，不包括机关内设机构担任领导职务的人员。	**第一百一十一条**　本法所称领导成员，是指机关的领导人员，不包括机关内设机构担任领导职务的人员。
第一百零六条　法律、法规授权的具有公共事务管理职能的事业单位中除工勤人员以外的工作人员，经批准参照本法进行管理。	**第一百一十二条**　法律、法规授权的具有公共事务管理职能的事业单位中除工勤人员以外的工作人员，经批准参照本法进行管理。
第一百零七条　本法自2006年1月1日起施行。**全国人民代表大会常务委员会1957年10月23日批准、国务院1957年10月26日公布的《国务院关于国家行政机关工作人员的奖惩暂行规定》、1993年8月14日国务院公布的《国家公务员暂行条例》同时废止。**	**第一百一十三条**　本法自2019年6月1日起施行。

图书在版编目（CIP）数据

中华人民共和国公务员法：实用版/中国法制出版社编．—北京：中国法制出版社，2019.1（2025.11 重印）

ISBN 978-7-5093-9091-7

Ⅰ．①中…　Ⅱ．①中…　Ⅲ．①公务员法-中国
Ⅳ．①D922.11

中国版本图书馆 CIP 数据核字（2018）第 277696 号

责任编辑：欧　丹　　　　封面设计　杨泽江

中华人民共和国公务员法（实用版）

ZHONGHUA RENMIN GONGHEGUO GONGWUYUAN FA（SHIYONGBAN）

经销/新华书店

印刷/三河市紫恒印装有限公司

开本/850 毫米×1168 毫米　32 开　　　　印张/ 7.75　字数/ 193 千

版次/2019 年 1 月第 1 版　　　　2025 年 11 月第 6 次印刷

中国法制出版社出版

书号 ISBN 978-7-5093-9091-7　　　　定价：22.00 元

北京市西城区西便门西里甲 16 号西便门办公区

邮政编码：100053　　　　传真：010-63141600

网址：http：//www.zgfzs.com　　　　**编辑部电话：010-63141664**

市场营销部电话：010-63141612　　　　**总编室电话：010-63141606**

（如有印装质量问题，请与本社总编室联系。）